ESSAI
SUR L'HISTOIRE
DES BOURGEOISIES DU ROI,
DES SEIGNEURS
ET DES VILLES;
OU

EXPOSITION abbrégée des changemens survenus dans l'administration de la Justice & de la Police, sous le Gouvernement municipal, & sous le Gouvernement féodal, depuis les derniers siécles de la République Romaine jusqu'à l'établissement des Bailliages inclusivement, & relativement à la Franche-Comté.

Par M. DROZ, fils aîné, Avocat.

. . . . Pars ducere muros,
Molirique arcem, & manibus subvolvere saxa :
Pars aptare locum tecto & concludere sulco.
Jura Magistratusque legunt, sanctumque Senatum
ÆNEID. I.

A BESANÇON,

Chez Claude-Joseph DACLIN, Imprimeur du Roi, &c.

M. DCC. LX.

AVANT-PROPOS.

*N ne regarde communément le droit de Bourgeoisie que comme une participation aux biens communs & aux priviléges d'une Ville ou d'un Bourg ; & en le considérant sous cet aspect, on fait peu d'attention aux Bourgeoisies du Souverain, qui ont eu tant de part à la destruction du Gouvernement féodal, & qui existent encore en partie dans la formule des affranchissemens. Le mainmortable désavouant son Seigneur, est déclaré franc Bourgeois du Roi ; en remontant jusqu'au 14ème. siécle, on trouve des serfs Bourgeois du Souverain, sans avoir été affranchis ni Bourgeois de Ville : On n'a pas encore bien développé toutes ces differences. Pasquier * disoit que les rédacteurs de la Coûtume de Champagne seroient peut-être bien embarrassés d'expliquer, s'ils revenoient au monde, ce qu'ils ont entendu par les Bourgeoisies du Roi ; je n'oserois pas entreprendre de résoudre la difficulté, si le grand nombre de livres imprimés depuis le travail de cet Auteur, & quelques titres heureusement découverts, n'avoient facilité mes recherches.*

Il y a eu une espèce de Bourgeoisie commune aux

---

* Recherches de la France, *liv.* 4 , *chap.* 7.

AVANT-PROPOS.

hommes libres & aux serfs. On appella de ce nom le sauve-garde du Souverain, & le droit de plaider à sa Justice ; c'est l'origine de la formation des Bailliages & du rétablissement de l'autorité souveraine : chose bien différente de l'association des hommes libres, ayant des biens communs sous la protection du Souverain ; ou de quelque puissant Seigneur, dans l'enceinte des Bourgs où la Bourgeoisie des Villes a pris naissance.

Pour bien distinguer ces deux espèces de Bourgeoisies, totalement différentes l'une de l'autre, il faut d'abord examiner l'administration de la Justice, de la Police & des biens des Communautés sous différentes époques.

Dans la première, on verra le Droit municipal des Romains introduit dans les Gaules, à peu près dans la même forme qu'il est aujourd'hui ; des Corps de Bourgeoisie, des Juges de Police, & des biens communs, d'un côté : Des Corps de Judicature & des Justiciables, de l'autre.

Dans la seconde époque on verra la Bourgeoisie romaine & les droits des Villes municipales presque anéantis par les Empereurs qui retrancherent les priviléges, par les Barbares qui conquirent ou partagerent les terres ; l'établissement des Bourgs ; un nouvel exercice de la Justice ; la servitude multipliée ; le Droit romain, cédant presque par tout son empire à la Loi des nouveaux Peuples ; les châteaux bâtis ; les fiefs ; le service militaire des hommes libres & des vassaux ; les Justices pour ces différens ordres ; l'anéantissement de celle du Souverain, par les défenses faites à ses Officiers de juger les Sujets des Terres inféodées.

AVANT-PROPOS.

& plusieurs autres faits néceſſaires pour l'intelligence de ce qui doit ſuivre.

Dans la 3ème. époque, au renouvellement de l'Empire d'Occident par Charlemagne, la Bourgeoiſie, conſervée par hazard dans quelques lieux, reparoîtra ſous différentes formes dans les Bourgs voiſins des Châteaux, dans les Villes que l'on commence à fortifier, & dans les lieux affranchis : Ici l'on trouvera quelle étoit la Juſtice pour les Bourgeois.

Dès le XIème. ſiécle les Juſtices royales vont renaître : A cette 4ème. époque on verra les Bailliages s'établir & s'aggrandir par les cas royaux, à la tête deſquels ſe trouvera la ſauve-garde du Souverain. On prouvera que cette ſauve-garde n'étoit autre choſe que la Bourgeoiſie du Roi ; que c'eſt ce qui a procuré le plus d'autorité & d'affaires aux Bailliages, & dépouillé les Juges des Seigneurs de la Juſtice qu'ils s'étoient attribuée, ou qu'ils s'étoient fait inféoder. C'eſt dans ce temps que le Droit Romain eſt retrouvé : On y puiſe les maximes du Gouvernement municipal ; on établit les Communes dans les Villes du Souverain ; on y protege les Sujets des Seigneurs malgré les réclamations, & ces Seigneurs à leur tour établiſſent des Communes dans leurs Terres, en affranchiſſant leurs ſerfs : Les maximes françoiſes s'introduiſent en Franche-Comté ; on y établit d'abord un ſeul Baillif, dont on diviſe enſuite le territoire entre deux & trois ; ces Baillifs ont des Lieutenans généraux, ambulans comme eux, & des Lieutenans locaux ; enfin on fixe des Lieutenans généraux dans chaque Ville à meſure que leur pratique augmente avec les Bourgeoiſies du Souverain.

AVANT-PROPOS.

Après avoir établi les faits sous ces quatre époques, on fixera sans peine la différence qu'il y a des Bourgeoisies du Roi à celles des Villes, leurs effets & leur rapport à la Bourgeoisie romaine.

Enfin on terminera cet ouvrage par une notice des Officiers qui ont administré la Justice au Comté de Bourgogne jusqu'à la division des trois grands Bailliages d'Amont, d'Aval & de Dole ; dèslors on trouvera la suite des Baillifs d'Aval, & de leurs Lieutenans au Siége de Pontarlier, avec des piéces qui serviront à l'éclaircissement de ce qui concerne l'établissement & les fonctions des uns & des autres.

ESSAI

SUR L'HISTOIRE

DES BOURGEOISIES DU ROI,

DES SEIGNEURS

ET DES VILLES.

CHAPITRE PREMIER.

PREMIÉRE ÉPOQUE. Bourgeoisie Romaine depuis les beaux jours de la République jusqu'au Veme. siécle.

L A qualité de Citoyen Romain fut bornée dans les commencemens aux seuls Habitans de Rome, qui ayant étendu leurs conquêtes dans l'Italie, croyoient faire grande grace aux vaincus de les associer à leur Bourgeoisie. Cette participation aux droits de leur société étoit en effèt une association à la Souveraineté ; aussi n'accordoit-on cette grace qu'à ceux dont on étoit sûr, pour avoir éprouvé pendant longtemps leur fidélité. Les Latins & les Herniques l'obtinrent du temps de la République ; quelques Colonies en jouirent par le plein avec droit de suffrage : mais pour les autres

Bourgeoisies, quoiqu'elles donnassent la qualité de Citoyen Romain, ce n'étoient que des alliances (1) qui servoient de prétexte à l'ambition de cette République pour faire la guerre & des conquêtes, en empêchant ses Alliés de rien terminer sans son consentement, aussi ils n'avoient d'abord aucun suffrage dans les assemblées, ni aucune aptitude à la Magistrature.

3   Jules-César ayant reculé les frontiéres de la République, étendit en même temps la Bourgeoisie Romaine ; l'Italie entière en fut rendue participante, & tous ses Habitans devinrent Citoyens de plein droit, ayant suffrage, qualité qui les confondoit avec les Habitans de Rome, soit qu'ils y résidassent, soit qu'ils fissent leur séjour à la campagne, dans les Colonies ou dans les Villes municipales auxquelles on

4   avoit donné le droit de Bourgeoisie ; c'étoient eux qui formoient les comices par centuries, (2) où l'on créoit tous les grands Magistrats, où l'on ratifioit leurs Loix, & où l'on jugeoit les crimes d'État. Ils avoient au surplus quantité de droits, qui sont fort bien expliqués par Sigonius. (3)

5   Pour les comices par Tribut, on y venoit de tous les Pays soumis à la République. (4) C'est dans ceux-ci qu'on choisissoit les Magistrats du second ordre pour les Provinces & pour les Colonies, qu'on

6   rendoit les Jugemens moins importans ; qu'on y accordoit le droit de Bourgeoisie à des Particuliers, à qui on le faisoit payer fort cher. (5)

7   Ces Citoyens du second ordre avoient des priviléges dans les Jugemens, comme de ne pouvoir être

---

(1) M. de Montesquieu, de la grand. & de la décad. des Rom. ch. 6.

(2) De Nieuport, Coût. & Céatrém. des Rom. liv. 1, ch. 9.

(3) Loyseau des Ordres, ch. 10, n. 9 & suiv.

Sigonius, *de jure Civium Rom.*
(4) De Nieuport, *liv. 1, ch. 10.*
(5) Act. Apost. cap. 22. Respondit Tribunus : ego multa summa civilitatem hanc confecutus sum.

jugés que par certains Juges, & de ne pouvoir être punis de certaines peines plus ignominieuses : ainsi l'on n'osa pas faire subir à St. Paul la peine du fouët, parce qu'il étoit Citoyen Romain, (6) comme étant né à Tarse en Cilicie, Ville municipale ▬▬▬▬▬ alliée de la République Romaine.

Les Villes alliées ou conquises étoient gouvernées & distinguées suivant leurs qualités. 8

Les *Municipales* étoient originairement les Villes libres, qui n'étant qu'alliées du Peuple Romain, avoient retenu leur liberté & la Seigneurie subalterne pour leur gouvernement. (7)

Les *Colonies* étoient les Villes où l'on avoit envoyé des Colonies Romaines, celles-ci étoient gouvernées par les Magistrats Romains ; mais enfin les Municipales & les Colonies furent confondues, & par 9 Villes municipales on entendit en général toutes celles qui avoient République, c'est-à-dire Corps de Ville & Officiers. (8)

On étoit Bourgeois des Villes municipales par l'origine. (9) 10

On le devenoit par l'adoption de la Ville de son pere adoptif. Par l'affranchissement, on le devenoit de la Ville de son Patron ; enfin par l'agrément des autres Bourgeois. (10)

Les simples Habitans étoient distingués des Citoyens, mais cependant ils remplissoient les emplois. (11) 11

Quand ils avoient (12) un domicile fixé ; quand,

(6) Ibid. *cap. 21 , verf. 30.* A Tarso Cilicie non ignota Civitatis Municeps.
Cap. 22 , verf. 29. Tribunus quoque timuit postquam recivit, quia Civis Romanus effet, & quia alligaffet eum.
(7 & 8) Loyf. des Seig. chap. 16, nomb. 8. 9 & 10.
(9 & 10) L. 1 ad *Municip.*
Municipem nativitas facit, aut adoptio, aut manumiffio. Leg. 3, cod. de incolis & ubi quis, &c. *Cives origo, manumiffio, allectio & adoptio incolas verò domicilium facit.*
(11) Leg. 26 ad *Municip.*
(12) Lege Cives 7 , cod. de incolis & ubi quis domicilium, &c.

même sans avoir les marques d'un vrai domicile, ils avoient demeuré pendant dix ans dans un lieu ; (13) enfin s'ils avoient été choisis pour remplir des Charges publiques, ils étoient par là censés Citoyens. (14)

12   Les esclaves ne pouvoient en aucun temps parvenir aux Charges municipales, ni à la qualité de Citoyens, qu'ils ne fussent affranchis, pas même les esclaves des Empereurs ; (15) & lorsqu'ils étoient affranchis, ils n'avoient encore qu'une Bourgeoisie imparfaite.

13   Les Villes avoient toutes leurs intérêts particuliers, & l'on ne pouvoit appliquer à l'une les biens qui appartenoient à l'autre. (16)

14   Ces biens étoient administrés par les Magistrats municipaux, qui étoient responsables solidairement de l'emploi. (17)

15   Les Chefs de l'administration étoient appellés *Duumvirs municipaux*, & tirés de l'ordre des *Décurions municipaux*, lesquels formoient une espèce de Sénat, (18) & représentoient le Corps des Citoyens.

16   Les Duumvirs avoient une jurisdiction pour tout ce qui n'étoit pas de l'Empire, (19) appellé *merum Imperium* ; c'est-à-dire qu'ils avoient la police des grains & des vivres, la conservation des biens de la Cité, le pouvoir de donner de l'authenticité aux actes, même aux actes de la Loi, comme aux adoptions, émancipations & manumissions. (20) Ainsi

---

(13) *Lege Nec ipsi*, *eod. eod.*

(14) *Leg. 1 ad Municip. recepti in Civitate ut munera nobiscum faciant.*

(15) *Lege 1, cod. de agricolis & Municipiis : & Lege Colonos 14, cod. de agricolis censitis*, &c. Loyseau des Off. liv. 1, chap. 1 : & des Ordres, chap. 10.

(16) *Lege 1 de administratione rerum ad Civitatem.*

(17) *Lege 3, eod. tit.*

(18) *Voyez* les Dictionnaires de Trevoux & de l'Encyclopédie, aux mots *Duumvirs* & *Décuriens.*

(19) Dunod, Obs. sur la Coût. du Comté, pag. 6.

(20) Wesembecius *in codicem de Magist. municip. lib. 1, tit.* 45.

c'étoient des droits à peu près semblables à ce que nous appellons moyenne Juſtice. (21)

Enfin les Cités avoient un ou pluſieurs défenſeurs, que l'on peut comparer encore à nos Procureurs du Roi de Police , & qui de plus ſoutenoient les foibles & les opprimés contre les plus puiſſans. (22) **17**

Il y avoit des Magiſtrats municipaux dans la Séquanie & dans l'Helvétie, comme on le voit par différentes inſcriptions. (23) Il y en avoit pareillement chez les Éduens & dans toutes les Gaules : (24) C'étoit le Peuple qui ſe les choiſiſſoit. (25) **18**

Quant aux Magiſtrats civils, ſi l'on ne regarde que la Ville de Rome , on ſçait que du temps de la République le principal étoit le Préteur, dont on diviſa les fonctions, enſorte qu'il y en eut un pour la Ville & les Citoyens, *Prætor urbanus* ; & un pour les étrangers, *Prætor peregrinus*. Leur Office déſigné par ces mots *Do* , *Dico* , *Addico* , conſiſtoit à déléguer des Juges , accorder des poſſeſſions , des révendications , des reſtitutions; ils jugeoient à mort, condamnoient à l'amende, prononçoient ſouverainement ſur toutes les affaires des Particuliers , & faiſoient exécuter leurs Jugemens. **19**

Le Préteur de la Ville eut bientôt ſous lui beaucoup de Juges ſubalternes, comme les Décemvirs & les Centumvirs , partagés en quatre Tribunaux , dont deux jugeoient les grandes queſtions de Droit , & les deux autres les Cauſes legéres. (26)

A meſure que la République s'aggrandit, ſes Juges **20**

---

(21) *Leg.* 1 & 2 , *cod. de Magiſt. municip.* & *Leg. ult. cod. de manumiſſ. Leg.* 4, *cod. de adopt.* Dunod , Obſ. *pag.* 6 & 8.
(22) *Tot, tit. ff. de defenſ. Civ.* & *novella* 15.
(23) Hiſt. des Séquanois aux notes, *t.* 1. Inſcript. recueillies par Spon. Hiſt. de Genéve, *t.* 2.

Plantin , Hiſt. de Suiſſe. Chifflet *Veſont. pars* 1 , *cap.* 29.
(24) Cæſ. *Bell. Gall. lib.* 6. Chopin *de Domanio* , *lib.* 3 , *tit.* 19, *n.* 4.
(25) Weſembec. *in cod. lib.* 1, *tit.* 45. Dunod, Obſ. *pag.* 6 & 7.
(26) De Nicuport , Coût. & Cérém. des Rom. *liv.* 2 & 3.

se multiplierent dans les dehors ; on envoyoit des Proconfuls , des Propréteurs , des Préfidens de Provinces , qui avoient tous des Lieutenans. Il y eut des Juges pour les Militaires , il y en eut pour les autres Citoyens; les ingénus, les affranchis & les serfs étoient jugés par différens Tribunaux , (27) dont les Of-
21 ficiers eurent de nouveaux noms fous les Empereurs qui transférerent l'autorité à ceux qui avoient des emplois dans leur Cour ou dans leurs Armées. Ainfi les Préfets du Prétoire s'arrogerent les droits du Préteur , & jugerent fouverainement les appellations des Juges inférieurs; ceux-ci étoient les Affeffeurs des Tribunaux fupérieurs, choifis ordinairement parmi
22 les Ducs , les Comtes & les Tribuns , que l'on déléguoit à certains cantons & certaines Villes, *Pagorum aut Civitatum Comites ;* ils avoient eux - mêmes des Lieutenans tirés des Chefs des Brigades. Les Centeniers & Dizainiers fuccéderent aux Centumvirs & Décemvirs : tous en général s'appelloient *Judices deputati ;* & quoique leurs Jugemens reffortiffent fucceffivement de Supérieurs en Supérieurs immédiats , il y avoit cela de particulier , que le Juge inférieur étoit Affeffeur né de fon Supérieur , & décidoit avec lui les Caufes importantes , dont l'appellation en ce cas étoit dévolue au Supérieur du Préfident du Tribunal d'où la Sentence étoit émanée. On peut voir dans le premier livre du Digefte & du Code , & plus facilement encore dans l'abbrégé qu'en a fait Wéfembec , le détail des noms & des fonctions de tous ces Juges dont on a parlé, pour faire voir la différence qu'il y avoit entre eux & les Magiftrats municipaux.
23   On remarque en même temps qu'il ne faut pas être furpris de cette confufion des Offices militaires & civils ; c'étoit une fuite du gouvernement de la République, où le même homme, tour à tour Conful,

---

Tribun , Orateur & Soldat , couroit à la tête des Armées contre les ennemis de l'État , & revenoit enfuite s'illuftrer autant dans la Tribune aux harangues par la défenfe d'un Particulier accufé , & par l'efcorte de fes clients , qu'il avoit eu de gloire en ramenant en triomphe les Rois d'Afie attachés à fon char.

CHAPITRE II.

SECONDE ÉPOQUE ; depuis le V^{ieme.} fiécle jufqu'à la divifion de l'Empire de Charlemagne. Gouvernement municipal anéanti. Progrès du Gouvernement féodal.

LE Gouvernement municipal n'étoit pas moins que républicain , auffi ne fubfifta-t'il pas long-temps après que les Romains eurent perdu leur liberté fous les Empereurs ; tous ces beaux droits de Citoyens s'éclipferent les uns après les autres par une fuite du nouveau Gouvernement , & on n'en connoiffoit prefque plus , lorfque l'Empereur Léon acheva de les détruire , en tranfportant aux Juges civils le peu de fonctions qui avoit refté aux Officiers municipaux. (1)

Les Bourguignons ne changerent rien à l'ouvrage des Empereurs ; au contraire , la Juftice & la Police continuérent à être confondues dans les mêmes Juges , lorfque ces Peuples ayant partagé les terres (2) de ceux qui les avoient appellés à leur fecours , (3) & ayant conquis celles du voifinage , (4) s'habituerent

---

(1) Loyfeau , des Offices , *ch.* 16. Chopin , *de Domanio , lib.* 19. *Conftitut.* 47 *Leonis.*

(2) *Burgundianes partem Gallix occupaverunt terrafque cum Gallicis Senatoribus divifere.* Chron. de Marius.

(3) Efprit des Loix, *liv.* 30, *ch.* 7.

(4) Mezeray , Abbr. de l'Hift. de Fr. fous l'an 443.

dans le Pays, & fixerent leur demeure dans des Bourgs d'où ils tirerent leurs noms. (5) Alors ils firent des Loix dont l'exécution fut confiée également aux Ju-

3 ges de l'une & de l'autre Nation, (6) c'est-à-dire tant aux Bourguignons qu'aux anciens Habitans, qu'on appelloit Romains, parce qu'ils avoient les mœurs & les Loix de ceux-ci.

4 Lors de l'arrivée des premiers Bourguignons dans les Gaules, l'esclavage n'y étoit pas plus commun que dans le reste de l'Empire; une infinité de terres étoient cultivées, comme aujourd'hui, par des gens libres. (7)

5 Mais les incurfions & les conquêtes changerent entièrement la face des affaires; les premiers Bourguignons furent suivis d'une infinité d'autres Peuples de même origine, qui firent des captifs là où ils trouverent de la résistance. Les uns furent employés à la terre, d'autres aux arts; on vit même des hommes libres se réduire en fervitude, pour avoir dans ces temps de troubles la protection des plus puissans, (8) comme cela s'étoit pratiqué plus anciennement dans les Gaules. (9)

Ceux qui avoient beaucoup de serfs se firent donner beaucoup de terrein; bientôt il n'y eut plus que

6 deux sortes d'hommes, les possesseurs des terres & leurs esclaves : car ce qui restoit d'anciens Habitans se jetta partie dans les cloîtres, partie se rendit esclave des Églises, pour participer à leur sainteté; & les grandes familles originaires du Pays, qui avoient de l'éloignement pour les mœurs des Peuples du Nord,

---

(5) *Voyez* les autorités citées dans le Dictionnaire de Trevoux aux mots *Bourguignon* & *Bourgogne.*

(6) *Voyez* la Préface des Loix Gombettes.

(7) Esprit des Loix, *liv. 30*, *ch. 11* sur les Loix XVIII, XX & XXIII du Code *de agricolis confusis.*

(8) Esprit des Loix, *liv. 30*, *depuis le chap. 5 jusqu'au 12.*

(9) Iulii Cæfaris *comment.* lib. 7. *Plerique apud Gallos injuriâ Potentiorum oppreffi, fe in fervitutem dicunt Nobilibus : in hos fiunt eadem jura quæ Dominis in fervos.*

& qui fouffroient avec peine leur domination, entrerent dans le Clergé ; c'eft pourquoi l'on voit dès lors plufieurs Évêques de haute Naiffance & de Famille romaine. (10)

Le mérite diftingué des Évêques de ces premiers temps leur avoit fait accorder beaucoup de priviléges par les Empereurs ; les fervices qu'ils rendirent aux Francs les leur firent confirmer. (11) Suivant les Loix du Code, leur jurifdiction s'étendit plus que celle des Juges civils, foit par le droit d'afyle que le refpect pour la Religion accorda aux Lieux faints, foit par la confidération que les Miniftres s'attiroient par leur fcience & par leur droiture ; ce qui déterminoit à s'en rapporter à leur décifion, fuivant les Loix impériales, qui laiffoient non feulement cette liberté, mais encore attribuoient à la jurifdiction eccléfiaftique les Caufes des veuves, des orphelins, des miférables perfonnes, des pieux établiffemens, & tout ce qui pouvoit avoir le moindre trait à la Religion. (12) Il y avoit même des cas où ils pouvoient prendre connoiffance des Jugemens rendus dans les Tribunaux laïcs, les réformer ou en fufpendre l'exécution. (13)

Les Conquerans qui avoient partagé les terres & le butin, enrichirent enfuite les Églifes, croyant par là réparer les maux qu'ils avoient faits aux Peuples : De là vint que les Églifes qui avoient eu de grandes terres, eurent pareillement la Juftice fur leurs efclaves qui en faifoient partie. (14)

L'objet principal de la Police des Peuples du Nord étoit d'accorder à l'offenfé une réparation proportion-

---

(10) Dunod, Obf. *pag.* 15. Hift. de l'Egl. de Befanç. fous le Pontificat de Claude I.

(11) Abbrégé de M. le P. Hénault, *Rem. fur la prem. Race.*

(12) Wefembec fur les 13 premiers tit. du premier liv. du Code.

(13) L'Abbé Dubos, Hift. crit. *tom.* 1, *pag.* 22. Hiftoire du Comté, *tom.* 3, *pag.* 583. *Cauf.* 11, *queft.* 1. *Cauf.* 35 & 36.

(14) *Voyez* la Novelle 80, *ch.* 3 ; les Obf. de M. Dunod, p. 15.

née à l'offenſe. Cette réparation , preſque toujours
pécuniaire , s'appelloit *compoſition* ; & comme le coupable ſe retiroit ordinairement ſous la protection de
quelque perſonne puiſſante , elle devenoit Juge du
différend , & ſe faiſoit payer pour ſa protection un
droit appellé *Fredum* ; « enſorte que chez ces Nations
» violentes rendre la juſtice n'étoit autre choſe qu'ac-
» corder à celui qui avoit fait une offenſe ſa protec-
» tion contre la vengeance de celui qui l'avoit reçue ,
» & obliger ce dernier à recevoir la ſatisfaction qui
10 » lui étoit dûe. (15)
    » Les Égliſes eurent donc le droit de faire payer les
» compoſitions dans leur territoire , & d'en exiger
11 » le *fredum* ; (16) & comme *ces droits emportoient né-*
» *ceſſairement celui d'empêcher les Officiers royaux d'en-*
» *trer dans leur territoire pour exiger ces* freda , *& y*
» *exercer tous actes de Juſtice* , le droit qu'eurent les
» Eccléſiaſtiques de rendre la juſtice dans leur terri-
» toire , fut appellé *Immunité.* (17) . . . Les Égli-
» ſes avoient donc des Juſtices , même ſur les hommes
» libres , & tenoient leurs plaids dès les premiers
» temps de la Monarchie.
12   Les Comtes & les Juges députés pour rendre la
juſtice , poſſédant déja les grandes terres de leurs diſtricts , s'érigerent de leur côté en Seigneurs proprié-

---

(15) Eſprit des Loix , *liv.* 30,
ch. 20.

(16) Ducange *Gloſſ. in hoc
verbum.*

(17) *Voyez* les Auteurs cités
par Ducange , *verbo* EMMUNITAS;
la Charte de Charlemagne de 771
inſérée dans Martenne,*tom.* 1 *anec-
dot. collect.* 11 ; la Diſcipline de
Thomaſſin, *liv.* 3 , *part.* 2 , *chap.*
6 , *n.* 15 ; les Formules de Mar-
culphe , *liv.* 1 , *form.* 3 , 4 *&* 14,
ſuivant l'Eſprit des Loix, *liv.* 30,
ch. 21 ; & dans l'édit. de Lindin-
brok , les formules 6 & 7 , dont
voici l'extrait :

E *M U N I T A S* R *E G I A.*

*Nullus Judex publicus , ad cau-
ſas audiendas , aut freda exigen-
dum , præſumat ingredi . . . . . Sed
quidquid exindè de ingenuis , ſer-
vis exteriſque Nationibus quæ ſunt
infra ſinus , agros & terras ipſius
Ecclſia , Fiſcus de fredis aut un-
documque ſperare poterat in lumi-
naribus Ecclſia proficiat.*

taires

taires des lieux, dont ils n'étoient que les Magistrats militaires ou civils, & firent ainsi de la Justice un droit patrimonial comme le fonds auquel ils l'uniſ-foient. (18)

Dès lors l'usage des fiefs devint plus commun, & 13 ceux qui en obtinrent du Souverain, à l'imitation des Ecclésiastiques, y faisoient comprendre les Justices, à cauſe des profits judiciaires qui étoient fort conſidérables. (19)

Chaque Seigneur, dans ces circonſtances, voulut 14 avoir un château, ſoit pour ſa défenſe particulière contre ſes voiſins ou contre les nouveaux eſſains de Peuples du Nord qui vinrent ravager l'Europe, ſoit pour donner retraite à ceux qui imploreroient ſa protection, & il y rendoit la juſtice ; mais de quelle manière ! tantôt il favoriſoit le coupable, tantôt il faiſoit payer les compoſitions des *Loix* barbares, & ne manquoit pas d'exiger le *fredum* ; tantôt on recouroit aux épreuves ſuperſtitieuſes ou au combat judiciaire, tantôt au plus grand nombre de témoins pour jurer des faits qu'ils ne connoiſſoient point : (20) 15 C'eſt ainſi que le Droit romain, mépriſé & oublié, tomba en déſuétude (21) parmi les Laïques.

Les inveſtitures des Bénéfices militaires ou des fiefs, 16 qui étoient d'abord révocables à volonté, puis à la mort du vaſſal, ſe multiplièrent tellement, que tout devint fief à la charge de certaines redevances & du ſervice militaire.

Les plus anciennes conceſſions de ces Bénéfices 17 contiennent une défenſe du Souverain à ſes Officiers d'entrer dans le territoire inféodé pour y exercer quel-

---

(18) Remarques de M. le P. Hénault ſur la 3eme. Race. Encyclopédie *au mot* FIEF.
(19) Eſprit des Loix, *liv.* 30. chap. 20.
(20) Encyclopédie, *au* ma^t

FIEF. Hiſt. univ. de M. de Voltaire, *chap.* 13. Loix & Uſag. ſous Charlemagne.
(21) Eſprit des Loix, *liv.* 28, *chap.* 4.

que acte d'autorité que ce fût , ou pour y exiger des émolumens de Justice : Cela devint dans la suite le Droit commun. (22)

18

Les fous-inféodations mirent alors, quant à la Justice, à peu près la même relation entre *les Seigneurs & leurs vassaux* qu'entre les Seigneurs & leurs serfs , à cette différence que pour juger les vassaux il falloit des Pairs, (23) tandis que le Seigneur décidoit seul entre ses sujets , soit parce qu'ils recouroient à sa protection contre ceux qu'ils avoient offensés, ou quand ils étoient lésés , soit par un reste de l'ancien usage de l'autorité que les Loix romaines avoient accordée sur les esclaves.

19

Les vassaux & arrière-vassaux étoient aussi tenus à un service militaire envers leur Seigneur suzerain, mais ils ne furent pas les seuls ; il y avoit encore une classe d'hommes qui , sans posséder des fiefs , y étoit tenue envers le Souverain ; c'étoient des gens libres divisés par centaines , ils formoient ce qu'on appelloit un Bourg, (24) & on les nommoit *Compagenses* ou *Milites* ; les Comtes ou leurs Vicaires les conduisoient à la guerre : les terres qu'ils possédoient étoient appellées *Militiæ*. (25) Avant qu'ils eussent obtenu des fiefs, il leur étoit libre de se mettre fous la protection de qui ils vouloient ; Charlemagne l'ordonna de même par son testament ; (26) & cela fut suivi , puisque le traité fait entre Charles le Chauve & ses freres parle de ces hommes libres qui

20

21

22

---

(22) *Voyez* les Chartes qui font à la fin du 5ème. vol. de l'Hist. de France des Bénédictins. ;

(23) *Lib. 2 Feudorum , tit.* 20. Hist. de la Pairie , à Londres 1753.

(24) Esprit des Loix, *liv. 30,* chap. 17. Ducange, *verbo* CENTENA

(25) Ducange , *verb.* MILES & MILITIA.

(26) *Ut unusquisque homo liber licentiam habeat se commendandi inter hæc tria regna post mortem Domini sui cui volueris , similiter & ille qui nondum commendatus est.* Naucl. Chron. gen. 27. Mutius *Chr.* lib. 28. Esp. des Loix , *liv. 30 ,* ch. 17 ; *liv. 31 , ch. 24.*

pouroient prendre à leur gré un Seigneur ou le Roi : difpofition conforme à beaucoup d'autres. Les Chroniques & les Loix antiques en parlent fouvent fous le nom de *Commendati*, *Recommendati*, *Affidati*, (27) c'eft-à dire Protégés ; mais la protection fe payoit, comme on le voit dans les anciens traités qui fe faifoient à ce fujet fous le nom de *Commendifia* ou *Commendatio*. (28) Le Seigneur protecteur y promettoit d'un côté l'exemption de toutes charges & tributs ; de l'autre le Protégé alluroit un cens proportionné aux priviléges, pour tout le temps qu'il feroit en la commendife.

Ces hommes libres étoient des foldats qui avoient 23 eu part dans les terres hors de la portion des Grands ; ces terres reftoient dans le domaine du Souverain pour 24 la Juftice feulement, & non pour la Seigneurie : C'eft l'origine du franc-aleu. (29)

Mais comment s'exerçoit cette Juftice ? c'étoit par les Comtes, qui divifoient leur territoire entre leurs Vicaires appellés Vicomtes ; ceux-ci entre les 25 Centeniers, les Cinquanteniers & les Dizainiers, qui étoient, comme le nom l'indique, des Chefs de brigade ; car de même que les Officiers généraux avoient obtenu les Duchés & les Comtés à charge d'y maintenir le bon ordre, les Officiers inférieurs reçurent les Villes, les Bourgs & les Villages aux mêmes titres à peu près qu'en avoient joui les Officiers Romains, à charge d'y adminiftrer la Juftice. (30)

Quelques-uns de ces Officiers inférieurs avoient 26

---

(27) *Commendati & Recommendati dicebantur non iidem qui vaffali, fed tantùm qui in alicujus potentioris fidem & tutelam fe receperant. Affidati non vaffalli, fed quafi vaffalli adventitii.* Ducange : Aimoin, *lib.* 4 *&* 5.

(28) Ducange *commendatitia confuetudines præftatio pro tutela.*

Neapol. *conftit. lib.* 1, *tit.* 17.

(29) Dunod Obf. *pag.* 14.

(30) Vandelin, *lib.* 4, *cap.* 6. Lindembrok *in verb.* CENTENARII, Ducange *ibid. & in v.* CENTENA, DECANA, QUINQUAGENNARII, DECENNARII, SCABINI, RACHIMBURGI.

les trois dégrés de haute, moyenne & baſſe Juſtice; d'autres la moyenne & baſſe ſeulement : c'eſt ce qui étoit le plus commun, comme on le voit par les Capitulaires (31) & autres monumens antiques. (32)

27 Ces différens Chefs ou Gouverneurs avoient ſous eux une eſpèce de Sénat compoſé de perſonnes choiſies dans leur département par la généralité des Citoyens, & il étoit plus ou moins nombreux, ſuivant les circonſtances ; il y en avoit cent pour l'ordinaire, compoſant ce qu'on appelloit *Bourg* ou *Centaine* ; un certain nombre d'entre eux s'occupoit plus particuliérement de l'adminiſtration de la Juſtice, & portoit le nom d'*Échevins* ou de *Rachimbourgs*.

28 Lorſque les Comtes tenoient leurs plaids pour décider les choſes de grande conſéquence, ils étoient aſſiſtés de ces Échevins ou des Centeniers, au nombre de ſept pour le moins. (33) Ces derniers tenoient auſſi leurs plaids dans leurs diſtricts, (34) & y devoient préſider les Cinquanteniers & les Dixainiers ; enforte que ſi par ce moyen tout le Peuple n'avoit point de part à l'adminiſtration, du moins toute la Nation conquerante y coopéroit dans une ſorte de gouvernement ariſtocratique, qui ſe conſervoit plus longtemps là où il y avoit plus de conquerans, comme dans les anciens Bourgs où les Soldats balançoient l'autorité de leurs Chefs, & formoient une eſpèce de pairie, tandis que les Peuples conquis, réduits en eſclavage ſous les grands Seigneurs, languiſſoient dans les campagnes ſous le joug d'une eſpèce de deſpotiſme.

29 Il eſt bien vrai que dès la fin de la première race il y avoit déja des affranchiſſemens qui rendoient à des eſclaves particuliers la qualité de Citoyens, avec la

---

(31) Traité de la Police de la Marre, *tom.* 1, *pag.* 25.
(32) Capit. de l'an 810, 1, *cap.* 5 2, *cap.* 15; de 812, 3, *cap.* 14.

(33) Ducange *ubi ſup.* L'Abbé Dubos, *liv.* 6, *ch.* 5.
(34) Ducange. *Ibid. & verb.* PLACITUM CENTENARII.

permiſſion de ſe choiſir quels protecteurs ils vou-droient ; (35) mais ordinairement ceux qui affranchiſſoient retenoient cette protection pour eux ou pour quelque Égliſe , (36) & ce n'é-toient point des affranchiſſemens d'une univerſalité de ſerfs, enſorte que ce petit nombre d'affranchis n'em-pêche pas qu'en général on ne puiſſe dire qu'il n'y avoit de libres que les Soldats indépendans dans leur partage , reſtés ſous le domaine du Roi pour la Juſtice ſeulement , & qu'on ne peut méconnoître lorſque la Juſtice du Souverain eſt en oppoſition avec la protec-tion de quelque Seigneur particulier.

La juriſdiction du Souverain fut donc bornée à ces hommes libres ſimples Soldats , dès que les fiefs qui ſe multiplioient emportoient une défenſe aux Juges royaux d'entrer dans le territoire inféodé; mais enfin ces hommes libres obtinrent des fiefs , enſorte qu'il n'y eut preſque plus que des Seigneurs & des eſcla-ves , & par conſéquent plus de Juſtices royales. 30

Ce Gouvernement féodal , qui avoit ſuccédé au royal & au municipal, ébranla tellement l'autorité du Souverain, que n'ayant plus de troupes que par la mé-diation des vaſſaux qui refuſoient de lui obéir , & n'ayant plus d'autre Juſtice que celle de la Pairie, (37) le Prince n'étoit plus que le premier de ſes Pairs. (38) 31

L'Anarchie dura pendant pluſieurs ſiécles , rien de plus commun alors que les vexations des forts vis-à-vis des foibles , les guerres particulières ; de là les alliances , les traités & les fraternités d'armes , dont il vint tant d'abus , qu'à la ſuite les Conciles ont été obligés de les défendre. (39)

Quand la Religion vint au ſecours de la politique, 32

---

(35) Ducange. *verb.* FRANCHISIA, INGENUITAS , MANUMISSIO.
(36) Ibid. *Charta ingenuitatis.*
(37) Hiſt. de la Pairie. Du-cange, *verb.* PAIRIA.

(38) Argou , Hiſt. du Droit François , art. 15.
(39) On en donnera pour exemple le Canon 38. du Concile

il y avoit déja longtemps que l'on fongeoit à mettre un frein à l'autorité des Seigneurs ; on avoit envoyé des (40) Commiffaires qui éclairoient leur conduite, & faifoient leurs rapports aux affemblées générales de la Nation. Ils avoient le pouvoir de deftituer les Échevins, c'eft-à-dire les Affeffeurs des Comtes & des Juges, (41) & ils en établiffoient d'autres quand ceux qui avoient le pouvoir de les choifir n'avoient pas fait un choix convenable ; ils écoutoient toutes les plaintes, faifoient rendre les biens de ceux qu'on avoit dépouillés injuftement. On appelloit ces Commiffaires *Miffi Dominici*, autrement *Juges des Exempts*. Qui étoient donc ces Exempts? c'étoient ceux qui n'étoient ni ferfs ni vaffaux, c'eft-à-dire les hauts Barons, les Comtes, peut-être même les gens libres habitant des Bourgs. Les Seigneurs, mécontens de ces Vifiteurs, firent fi bien qu'on n'en envoya plus. (42)

CHAPITRE III.

TROISIÉME ÉPOQUE. Au renouvellement de l'Empire d'Occident, Renaiffance des Bourgeoifies.

AVANT que de parler des nouvelles Bourgeoifies, il eft important de faire une digreffion fur des Bourgeoifies anciennes, dont l'époque paroit devoir

---

de Toulouse, rapporté par Cabaflut dans fa Notice des Conciles. Quoiqu'il ne foit pas précifément de cette époque, il ne marque pas moins des abus invétérés. *Inhibemus etiam ut Barones, Caftellani, Milites, Cives, Burgenfes, feu etiam rurales, conjurationes, Collegationes, Confratrias feu alias quafcumque obligationes facere non præfumat; quod fi fecerint, Baro in centum libris currentis moneta puniatur.*

Caftellanus in fexaginta. Miles in quadraginta. Civis vel Burgenfis in viginti. Et Rurales in centum folidis. Voilà qui marque bien les différens ordres de perfonnes qu'il y avoit dans l'État.

(40) Ducange, *verb.* MISSI DOMINICI.

(41) Ducange, *verb* SCABINI.

(42) Ab. du P. Henaut, *remarques fur la troifième Race*

remonter un peu plus loin, & tenir un milieu entre les Bourgeoisies Romaines & les Seigneuriales.

M. l'Abbé Dubos (1) avoit déja remarqué, que plusieurs Villes de France, comme Toulouse, Boulogne & Reims, Capitales de Cités sous les Empereurs Romains, avoient toujours conservé leur droit de Commune & leur Justice municipale, tant pour le Civil que pour le Criminel, sans qu'on les voye écrites sur aucune liste des Villes qui ont obtenu des Chartes de Communes des Rois de la troisième Race, & que leurs Lettres sont plutôt des confirmations que des concessions. [2]

De ces faits il conclut que quelques Villes, qualifiées Cités dans les notices de l'Empire, avoient échappé au sort commun & subsisté comme municipales sous les première & seconde Races, parce qu'elles l'étoient déja auparavant.

Celui des Messieurs Chifflet qui a donné l'Histoire de Besançon, disoit après Rhenanus qu'elle étoit du [3] nombre de ces Villes qui, malgré les irruptions des Barbares, avoient continué à être gouvernées par des Magistrats Romains : *Nondum amissâ spe restituendi Romani Imperii.* En effet, la plus ancienne Charte de Commune n'est point une concession, mais une confirmation de ses priviléges donnés en 1190 par Henri VI en forme de Sentence. (2)

Mais personne n'a point encore expliqué comment les Villes, qui n'ont pas été qualifiées du nom [4] de *Civitas*, pas même de celui de *Castrum*, ont cependant eu part à l'administration commune long-

---

(1) Hist. critique, tom. 4, p. 288 & suiv.

(2) Hist. de l'Egl. de Besançon aux pr. pag. LIII. *Sententia Moguntina.* Chifflet, *Vesontio part. 1, cap.* 40 & 51.

Rhenanus, *lib.* 2, *cap.* 2. Civitates quædam in Galliis non serviebant, sed tantum certis conditionibus aganscebant Francos. Præcipua Arelas cum circumjacentibus Oppidis, Geneva, Vesontio Tullum, Tornacum & similes.

temps avant qu'il fût queſtion de conceſſions des Sou-
5 verains & des Seigneurs. Arbois, par exemple,
jouiſſoit déja de ce privilége en 1053, quoiqu'on
ne rapporte les Communes qu'au ſiécle ſuivant; Arbois cependant n'étoit ni Cité ni Château dans les
notices de l'Empire Romain, il n'y étoit pas même
nommé, à ce qu'il paroit. Ce n'étoit dans ſon origine qu'une demeure mi-partie de Bourguignons &
d'anciens Habitans, comme l'indique le nom du
Fauxbourg de *Faraman* (3) qui marque le partage
des deux Nations & le cantonnement d'un certain
Ordre de Bourguignons. On trouve pourtant au
feuillet 64 du chartulaire en vélin qui repoſe aux
archives de l'Hôpital de cette Ville des preuves du
concours de tous les Habitans dans l'adminiſtration
de la choſe publique. En voici les termes : *C'y ſunt
ly Statuts & ly établiſſement de la Malatiere d'Arbois,
& ly ordonnement faits par le conſentement & la volonté des ſouverains Signours le Comte Renaut, Signeur de Bourgogne, le Don de Thoire, Signeur de
Vaudrey, & par les preudommes d'ou prevôté d'Arbois, ly Priour, ly Curé, ly Prenoires* (4) *ly Clercs, ly
Chevaliers, ly Bourgeois, & ly Gagnours. Ce fut fait
l'an mil cinquante-trois ſaul, le tems devant paſſé....
Item doit le Priour d'Arbois, par le conſeil du Curé
& des Echevins, bailler Preuoire convenable pour chan-
ter céans à chief de quinze jours ou trois ſemaines, &
dit Prêtre doit ordonner & gouverner,* &c. (5)
6 Comment donc les différens ordres d'habitans
d'Arbois auroient-ils fait ces réglemens conjointé-
ment avec le Souverain, ſi, comme je l'ai dit au

---

(3) Ducange, *verbo* FARAMA-
NI. Dict. de Trevoux, *au mot* FA-
RAMAN.
(4) Prêtre ou Moine prében-
dé. Ducange, *v.* PRÆBENDARIA.
(5) C'eſt M. Brahier, Curé d'Arbois, qui m'a fait paſſer la copie
de cette piéce, par la médiation
de M. Martin le fils, Avocat au
Parlement qui l'a tranſcrite lui-
même.

chapitre précédent, il n'y avoit pas eu un droit de
conſeil dans la généralité de certains Habitans? &
d'où venoit ce Conſeil, ſi ce n'eſt de l'ancienne Pairie conſervée dans les lieux où il y avoit beaucoup
de Soldats, comme dans les Bourgs bâtis par les
Bourguignons ?

On ne connoit dans la Province aucune Charte 7
commune antérieure à celle de Beſançon de 1190
dont j'ai parlé; cependant je trouve dans un acte
paſſé au Chapitre de S. Paul en 1162 entre les Seigneurs de S. Gorgon & l'Abbé de Montbenoît, deux
Bourgeois pour témoins. (6)

La liberté conſervée de Bourges & d'Orléans 8
faiſoit qualifier les Habitans de ces Cités Barons.
Pontarlier comme Arbois n'avoit point de place
dans les notices de l'Empire ; mais je prouve dans
un autre Ouvrage que c'étoit un Bourg bâti par
les Bourguignons, & que par un ancien reſte de la
Pairie des Soldats, les Bourgeois de Pontarlier qui
en deſcendoient, s'appelloient Barons au treizième
ſiécle. Les Soldats, comme on l'a vu, étoient reſtés
dans la Juſtice du Souverain ; Pontarlier & Arbois
y étoient auſſi. Les hommes libres ſe mettoient ſous
la protection de quelques Seigneurs, ceux de Pontarlier & d'Arbois étoient ſous la garde des Seigneurs de Joux & de Thoire, ils avoient à Arbois
part à la direction des affaires communes. Il y avoit
pareillement à Pontarlier une *Juſtice communale*,
& il ne s'y faiſoit aucune Ordonnance ſans le conſentement des Chevaliers & Barons de Pontarlier :
Cette forme de Gouvernement ne peut donc être
attribuée qu'à l'indépendance des Soldats, au goût
de la Pairie, & doit former une claſſe après les
Villes municipales qui avoient eu le bonheur de con-
ſerver leur Gouvernement.

---

(6) Arch. de Montbenoit cotté *A 16. Dodo & Stephanus Burgenſes.*

9   Je mets donc dans le premier ordre des Bourgeoifies les Villes municipales anciennes.

10   Enfuite les Bourgs peuplés de Barons & d'Ari-
mans, (7) c'eft-à-dire d'hommes libres, qui ne devoient à leur Souverain ou à leur Protecteur d'autre
fervice que celui de l'oft, de la chevauchée & du plaids
(8) avec quelque cens modique pour la protectiou.

11   En troifième ordre viennent les Bourgeoifies des
Seigneurs, qui font de plufieurs efpèces.

12   Les befoins des Seigneurs leur donnerent l'idée
d'attirer des Habitans autour de leurs Châteaux;
ils n'avoient pas beaucoup d'Artiftes parmi leurs
ferfs, qui ne fortoient de leurs meix que pour
les corvées dont on les furchargeoit. Les gens à
talens, qui étoient fort rares dans ces fiécles d'igno-
rance, ne vouloient point courir les dangers de la
vexation en fe confondant avec les ferfs; il fallut
donc leur accorder des immunités, & l'on en promit

13   à tous ceux qui viendroient s'établir près des Châteaux. Voici ce qu'en dit l'Hiftorien de la Province
dans fon Traité de la mainmorte. (9) » Les anciens
» Châteaux du pays étoient tous forts & fur des
» lieux élevés; il y avoit ordinairement des habita-
» tions jointes qu'on appelloit Bourgs, & qui étoient
» fermées de murs. Ce font les chef-lieux des grandes
» Seigneuries du Souverain & de fés vaffaux, dont
» tous les Habitans font de condition franche. Plu-
» fieurs Seigneurs qui n'avoient pas de Bourgs ori-
» ginairement dans leurs Terres y en ont établi,
» en affranchiffant ceux qui habitoient en certains
» lieux, promettant de tenir pour francs ceux qui
» viendroient s'y établir. On fixoit les bornes de

---

(7) Ducange, *verb.* HERIMAN-
NI.
(8) Ibid. *verb.* HOSTIS, CALCAVATA, PLACITUM.
(9) pag. 3.

ces terreins francs. Ainſi le Francbourg ſous le Château de Joux étoit ſitué dans un vallon terminé par un moulin appellé *Pierrefranche ;* le Bourg de Rochejean devoit, ſuivant des lettres de 1313, accordées par Jean de Châlon II du nom, s'étendre autant que celui de Noſeroy ; celui de la Riviere, ſuivant une Charte de 1349, étoit borné par le tertre de Mongemenat. On voit encore près des ruines du Château d'Uſie divers bâtimens appellés Bourgs, qui appartiennent à préſent à M. le Marquis de Monnier. Il y a eu dans la Province plus de cent Bourgs de même eſpèce, ils ſont connus de tout le monde.

Ces nouveaux Habitans des Bourgs établirent entre eux des ſociétés ſous la protection du Seigneur qui les attiroit pour ſe garantir de la tyrannie des autres. De là vinrent les Avoués des Villes, (10) & ſuivant le goût de ces temps anciens, où chaque Seigneur étoit jugé par les Pairs, ces nouveaux Bourgeois qui ſe regardoient comme des eſpèces de vaſſaux du Seigneur qui les protégeoit, voulurent auſſi être jugés par leurs Pairs, (11) ce qui donna naiſſance à la Juſtice des Villes, dont les Magiſtrats s'appellent encore Pairs en pluſieurs lieux de la Picardie. (12)

Outre le droit qu'eurent ces Bourgeois d'être jugés par leurs Pairs de la Commune, ils pouvoient cependant, quand ils avoient quelque différend, recourir au Juge d'Egliſe ou choiſir des arbitres. (13)

Une autre Bourgeoiſie, à peu près pareille à cette première, vint de la fondation des Monaſtéres. Voici

---

(10) Ducange, *v.* ADVOCATUS. Encyclopédie, *au mot* AVOUR'.
(11) Eſprit des Loix, *liv.* 28. *chap.* 42. La Thaumaſſiere, *c.* 19. Ducange, *verb.* PAR, PARIA.

(12) Hiſt. de la Pairie, *c.* 15, *pag.* 194.
(13) Dunod, adminiſt. de la Juſtice, *tom.* 3 de l'Hiſt. du Comté.

ce qu'en dit Lobineau dans fon Hiftoire de Bretagne , qui eft bien applicable au Comté, où il y a eu tant de Monaftéres.

» Il eft peu de fiefs confidérables où les Moines » n'ayent bâti de nouveaux Bourgs du confente- » ment des Seigneurs , & la fondation des Prieu- » rés a produit cet avantage d'augmenter le nom- » bre des Habitans & de mettre à profit beaucoup de » terres incultes , parce que ces nouveaux Bourgs » étoient peuplés de nouveaux habitans , & c'étoit » une des premières conditions que les Moines fai- » foient avec les Seigneurs.

16 » Au refte les Seigneurs leur laiffoient tout l'exer- » cice de la Juftice fur les étrangers , & n'en exi- » geoient aucun fervice ni aucune corvée , fi ce » n'étoit de travailler à la réparation des ouvrages » publics, dont ils avoient l'ufage ainfi que les an- » ciens Habitans, comme les ponts & chauffées; (14) mais on ne trouve cette liberté que dans les Bourgs bâtis près des plus anciens Monaftéres.

Ainfi la Ville de S. Claude, fondée par les Religieux , jouit dès fon origine d'une liberté que n'ont point les terres qui l'environnent. (15)

De même la Ville de Pontarlier , fondée en partie par des Religieux,en partie par des Soldats,divifée anciennement en deux Bourgs, a toujours joui par cette double raifon des droits de Bourgeoifie & de franchife ,comme on le verra dans un autre Mémoire.

17 Une troifième caufe de l'établiffement des Bourgs fut , que du temps des Empereurs Carlovingiens il n'y avoit en Allemagne que fort peu de Villes murées. Henry l'Oifeleur commença à bâtir plufieurs

---

(14) *Voyez* le Dictionnaire de Trevoux, *au mot* Bourg.

(15) M. Dunod, Hift. de l'Abbaye de S. Claude, à la fin de fon premier volume de l'Hiftoire civile du Comté, *pag. 103. Voyez* les Mémoires de M. Seguin dans le procès que la Ville de S. Claude a gagné contre le Chapitre au fujet de la Juftice.

fôrterefſes ou Bourgs (16)pour arrêter les incurſions des Hongrois, qui ont auſſi viſité cette Province. (17)

Pour peupler ces nouveaux Bourgs, on prenoit un **18** neuvième des Habitans ; ceux qui demeuroient dans les Bourgs ou Villes s'appelloient Bourgeois, pour les diſtinguer des payſans.

Quelques-uns de ces Bourgeois reſterent ſous la ſervitude ; mais la plus grande partie obtenoient des franchiſes, comme de n'être point chargés de tàilles, d'impôts, de logement de gens de guerre ; on leur promettoit de ne les point forcer d'aller à la guerre, du moins de ne les conduire pas ſi loin qu'ils ne puiſſent revenir le même jour chez eux : on leur promettoit la conſervation de leurs Loix & Coûtumes, on leur accordoit des Juges. *&c.* (18)

Enfin le goût de la liberté s'augmentant avec l'eſ- **19** pèce des hommes libres, les ſerfs qui avoient obtenu le droit de pécule, donnerent de groſſes ſommes à leurs Seigneurs pour ſe racheter & avoir le droit de s'aſſembler & de ſe défendre. (19) Ils obtinrent certaines terres à certaines redevances ; & parce qu'ils en jouiſſoient en commun, le nom de commune leur eſt demeuré, (20) c'eſt ce qu'on appelle en Comté *Communaux*, choſe bien différente de ce qu'on appelle Communes dont je parlerai dans le Chapitre ſuivant, ainſi que des affranchiſſemens.

Tel fut l'état des Bourgeois juſqu'au commence- **20** ment du douzième ſiécle. On a vu dans l'époque

---

(16) Encyclopédie, *au mot* Bourg.

(17) Dunod, Hiſt. civile, *t. 1, p. 145 & 180 ; tom. 2, pag. 40, 41, 113 & 114.*

(18) *Voyez pour exemples* les Immunités accordées lors de l'établiſſement de la Ville de Fribourg en Suiſſe, par Berethold de Zeringuen en 1179, dans l'Hiſtoire de Suiſſe du Baron d'Alt, *tom. 1, pag. 82.*

(19) Argou, Hiſt. du Droit François, *art. 17.*

(20) Hiſtoire de la Pairie, *chap. 115, pag. 192 & ſuiv.*

précédente l'état des Seigneurs & de leurs Justices.
Et leur autorité s'étoit encore augmentée pendant les
troubles causés par le partage de l'Empire de Charlemagne; mais plus les abus se multiplioient, plus
la réforme étoit prochaine ; enfin il se trouva des
circonstances favorables pour faire rendre au Souverain les droits qu'on avoit extorqués ou usurpés.

La Monarchie se rétablit par l'établissement des
Communes & des Bailliages, comme on va le voir
dans l'époque suivante.

QUATRIÉME ÉPOQUE *au douzième siécle.*

Pour donner plus de clarté aux faits de cette
dernière époque, on les divisera en quatre parties.

La première contiendra ce qui concerne le rétablissement du Gouvernement municipal.

La seconde sera pour l'établissement des Bailliages
& des Bourgeoisies du Roi en général.

Dans la troisième on traitera en particulier de l'é-
tablissement des Bailliages & des Bourgeoisies du Souverain en Franche-Comté.

Dans la quatrième on traitera de la Bourgeoisie
des Villes, relativement à la même Province.

CHAPITRE IV.

Gouvernement Municipal rétabli ; Communes ou
Priviléges des Bourgeoisies. Affranchissemens.

1 LE Droit Romain perdu pendant plusieurs siécles
dans le domaine des Francs, conservé en partie par
l'usage dans les pays du domaine des Goths & des
Bourguignons, (1) fut retrouvé en original dans le dou-

---

(1) Esprit des Loix, *liv.* 28, *chap.* 4.

ziéme siécle, tel que nous le suivons aujourd'hui. (2)
On l'étudia, on l'enseigna ; son excellence fut ad-
mirée. Les ténébres qui jusques-là avoient obscurci
la face de l'Europe, commençoient à se dissiper. On
reconnoissoit l'erreur des Jugemens fondés sur les
épreuves superstitieuses, le nombre des Jurans, la
force des combattans. On avoit emprunté des Juges
d'Eglise les formes qu'ils avoient conservées ; le
Droit Romain les confirma, & les Seigneurs occu-
pés des croisades & des tournois se déchargerent
d'une procédure ennuyeuse sur leurs Officiers. (3)

Tous les esprits tendant alors à la liberté, & le Gouvernement féodal à sa ruine, le Gouvernement municipal des Romains retrouvé dans leurs Loix fut
appliqué d'autant plus aisément aux circonstances,
que les choses revenoient au point dont elles étoient
parties lors de l'invasion des peuples du Nord ; l'autorité des Seigneurs réprimée d'abord par les Com-
missaires Impériaux, Juges des exempts, puis par
celle des Baillifs, dans les cas royaux, fort multi-
pliés ; le nombre des hommes francs accrû par la
multiplication des Bourgs, par l'alliance des Bourgeois, par l'affranchissement des serfs du Domaine,
tout tendoit donc au Gouvernement municipal qui
fut érigé sur les restes du Gouvernement féodal par
la protection que l'on accorda aux hommes libres,
& par l'établissement des Communes, dont on ne
peut rien dire de si bien que ce qu'en a écrit M. le P.
Henault (4) après M. l'Abbé Dubos. (5)

» Les Chartes communes donnoient aux Villes,
» quelquefois même aux Bourgades, le droit d'a-
» voir un Sénat ou une Assemblée composée des

---

(2) Argou, Hist. du Droit
François. Terrasson, Jurispruden-
ce Romaine.

(3) *Voyez* l'Encyclopédie *aux*
mots FIEFS, CHATELAINS, *&c.*

(4) Abbrégé de l'Hist. de France,
aux remarques sur la troisième
Race.

(5) Hist. crit. tom. 4, pag. 289,
291.

» principaux Citoyens, nommés & choisis par leurs
» Concitoyens, qui veillât aux intérêts communs, le-
» vât les revenus de la Ville, imposât les tailles ex-
» traordinaires, rendît ou fit rendre la justice à ses
» Compatriotes, & qui tînt encore sur pied une Mi-
» lice réglée, où tous les Habitans seroient enrol-
» lés.

7 « Quoique par ce droit de Communes il semble
» que nos Rois s'exposassent à rendre les Cités trop
» puissantes, ils remédioient par-là à un mal encore
» plus pressant; il étoit question d'arrêter les entre-
» prises des Seigneurs, & les Rois ne le pouvoient
» faire dans un temps où ils n'avoient point de trou-
» pes réglées, qu'en leur opposant des forces de
» proche en proche. Aussi dès que les Seigneurs fu-
» rent réduits, nos Rois se retournerent bientôt sur
» ces Villes qu'ils avoient rendues quasi indépendan-
» tes, & leur reprirent pied à pied tous ces privilé-
» ges qu'ils leur avoient accordés. C'est ce qui se
» voit par la fameuse Ordonnance de Moulins, où
» le Roi, par l'art. LXXI, ôte la connoissance des af-
» faires civiles d'entre les Parties aux Maires, Eche-
» vins & Administrateurs des Corps des Villes.

8 » Les hauts Seigneurs, singes de la Royauté, n'a-
» voient pas tardé à établir des Communes dans les
» Villes de leurs Seigneuries, afin de défendre leurs
» vassaux, comme le Roi avoit défendu les siens...
» Mais on juge aisément que les Rois qui priverent
» de ces priviléges les Villes de leur domaine, ne
» ménagerent pas davantage celles des Seigneurs
» particuliers.

9 Les Seigneurs, & sur tout les Ecclésiastiques,
conçurent bientôt de l'ombrage de l'établissement
des Communes, parce que leurs terres devenoient
désertes par le grand nombre de leurs sujets qui se
retiroient dans les lieux de franchises; mais les ef-
forts qu'ils firent pour ôter aux Villes & aux Bourgs

le

le droit de Communes, hâta la deſtruction de leur tyrannie ; car dès que les Villes prenoient les armes, le Roi venoit à leur ſecours, & Louis VIII déclara qu'il regardoit comme à lui appartenantes toutes les Villes dans leſquelles il y auroit des Communes. (6)

Les affranchiſſemens qui juſques-là avoient été 10 volontaires, devinrent dès-lors néceſſaires. Louis le Gros avoit commencé d'affranchir les ſerfs de ſon Royaume, ce qui fut conſommé ſous Louis Hutin en 1315 par une belle Ordonnance, qu'on peut voir dans Ducange avec d'autres Chartres d'affranchiſſemens généraux. Il eſt dit dans l'Ordonnance de Louis Hutin, qu'il accorde la liberté à ſes ſujets, pour donner l'exemple aux autres Seigneurs. Mais 11 de tels exemples, dit M. Henault, deviennent Loix quand l'autorité s'affermit, & le Roi ſe mit en poſſeſſion de donner aux ſerfs des Seigneurs des Lettres d'affranchiſſement moyennant finance, qui étoient déclarées valables malgré les Seigneurs, en leur payant indemnité. (7)

Les Particuliers affranchis n'acqueroient que la 12 liberté, mais les Communautés affranchies acquirent, comme on l'a dit dans le Chapitre précédent, un territoire & des priviléges, tandis que les anciens Bourgeois qui avoient déja la liberté & le territoire ne faiſoient que s'y maintenir, & par les Communes acqueroient des droits de Juſtice, comme on peut le voir dans Chopin. (8)

---

(6) Encyclopédie, au mot COMMUNE.

(7) Abrégé de l'Hiſt. de France, tom. ſur la troiſième race.

Bouchel, *V.* AFFRANCHISSEMENT.

Ducange, *V.* MAUMISSIO.

(8) *De Domanio, lib. 3, tit. 19.*

CHAPITRE V.

Etablissement des Bailliages, Bourgeoisies du Roi en général.

1 PAR l'établissement des Communes on avoit mis un contrepoids à l'autorité des Seigneurs, & elle fut réduite à peu de chose par l'accroissement de la jurisdiction des Baillifs.

Ces Officiers du Souverain qui leur attribua le droit de juger les sujets de ses Domaines, attirerent bientôt à eux les affaires des sujets des vassaux, par une multitude de cas royaux, où l'on supposoit que le Prince ne vouloit pas s'abbaisser à demander justice; ce qui vint au point qu'il suffisoit d'avoir contracté sous son sceau (1) pour être justiciable de son Baillif. L'impartialité de ses décisions les faisoit préférer à celles des Juges Seigneuriaux, qui avoient plus en vûe les intérêts de leur Maître que le bien public. De là vient la formule de soumission à la Jurisdiction sous le scel du Roi, qui s'est conservée jusqu'à présent.

2 Il falloit bien quelque prétexte pour ôter aux Seigneurs la Justice qui leur avoit été inféodée avec les Bénéfice. Militaires, comme on l'a vu ci-devant; (2) on fit donc succéder les Baillifs aux *Missi Dominici*; c'étoient dans les commencemens les premiers Officiers de la Maison du Prince qui écoutoient les plaintes qu'on lui portoit. Le Maître

---

« (1) Ly Rois a telle nobleté que » des convenances faites au Réau- » me, puisqu'elles sont écrites & » scellées, nul ne doit connoître fors » que ly Rois, art. 65 de l'ancienne

Coûtume de Champagne. Rageau, indices, *aux mots* CAS ROYAL, SAUVE-GARDE, *&c.*
(2) *Chap.* 2. *nomb.* 11 *& suiv.*

d'Hôtel, appellé *Sénéchal* ; les grands Ecuyers, appellés *Connétables* ou *Maréchaux*, prirent la qualité de Baillifs & de Gardiens, dès que cette administration leur fut donnée en Commission, & qu'ils protégerent ceux qui s'étoient mis en la sauvegarde du Prince. (3) Ils avoient d'abord plus de part au commandement des armes & au maniment des finances qu'à la Justice. Mais comme elle étoit encore fort militaire alors, ce fut précisément ce qui fit confondre en eux des Emplois, qui paroissent à présent si incompatibles, parce qu'ils avoient la force en main, pour appuyer leurs jugemens & protéger ceux qui se mettoient en la protection du Prince : voici ce qu'en dit Loiseau. (4)

» Bailliage ne signifie pas simple Justice, mais
» Justice de protecti ; car *Baillie* est un vieux mot
» François qui signifie protection. (5) Or voici
» comment les Bailliages se font établis..... Les
» Ducs & les Comtes ne voulant pas s'assujettir à
» tenir leurs assises, mirent en leur place des Offi-
» ciers qu'ils appellerent Baillifs, soit parce qu'ils
» leur bailloiens cette séance en garde ou qu'*ils les*
» *établissoient protecteurs de leurs sujets, & notamment*
» *de ceux qu'ils avoient pris en leur Baillie & sauve-*
» *garde pour les exempter de l'oppression des Juges*
» *ordinaires.*

» A mesure que les Rois trouverent moyen de
» réunir à la Couronne quelque Ville proche d'eux,
» ils attribuoient au Juge ordinaire d'icelle, appellé
» Baillif ou Sénéchal, la Jurisdiction des *cas royaux*
» ou des causes d'appel du territoire des Comtes

---

(3) *Voyez* les autorités rapportées dans Ducange. *verb.* BAILLIVUS, BAJULUS, CONSTABULARIUS, MARESCALLUS, SENESCALLUS, & dans Trevoux *aux* mots BAILLIF, SÉNÉCHAL, *&c.*

(4) Des Seigneuries, *chap. 8*, *n. 30 & 54* ; des Offices, *liv. 1*, *chap. 14 ; Liv. 4, chap. 4, n. 24*.
(5) Ducange, BAJULUS, *id est* TUTOR.

5 » & des Seigneurs voiſins, ainſi que l'avoient au-
» paravant les *Miſſi Dominici*.... Doncques les
» Baillifs leur ſuccéderent, c'eſt pourquoi ils gagne-
» rent peu à peu d'aller tenir leurs aſſiſes dans les
» terres des petits Seigneurs de leur reſſort, eſquel-
» les ils vuidoient les plaintes faites par les Offi-
6 » ciers, & pareillement les cauſes d'appel » qui
étoient un cas royal, parce que l'Appellant ſe met-
toit ſous la garde du Souverain. J'en tire la preuve
de l'ancienne Coûtume de Champagne, qui fixe la
formule de l'appel. (6)

7   » *Je mets mon corps, mes biens & mon conſeil en*
» *la garde li Rois, li Princes, aevous devant li je ap-*
» *pelle de ce Jugement comme faux & meauvais, &*
» *le trayerai meilleur en l'Hôtel li Rois.*

    » Et ne puis que li appiaux eſt fait cil de qui il
» appelle n'a nulle juriſdiction ſur lui, ne le peut
» penre, qu'il ait rien ſous le Roi ou celi devant
» qui il appelle ; & tandis la querelle demeure en
» l'état tel que li appiaux la treuve.

8   Ainſi donc, quoiqu'on ne fût pas ſujet immé-
diat du Roi, on étoit toujours reçu en ſa protection,
dont l'infraction étoit un cas royal. *Sauve-garde roya-*
le enfrainte, cas royal, encore que ce qu'il a pris en
ſa garde ne ſoit de ſa ſubjection. Jugé pour ceux de
Verdun contre le Comte de Bar le 2 mars 1355. (7)

9   Auſſi Loyſeau rapporte-t'il encore après ce qu'on
en a déja tranſcrit : » Les Baillifs comme étant Ju-
» ges de protection, connoiſſoient en première inſ-
» tance des cauſes de ceux qui étoient ſous la garde
» ſpéciale du Seigneur, comme ſes domeſtiques &
» ceux auxquels il vouloit donner *ſes Lettres de*
» *garde.* A plus forte raiſon connoiſſoient-ils des

---

(6) *Art*. 43.
(7) Rayeau, Indices, *au mot* SAUVE-GARDE.

» caufes de fon domaine & de toutes celles où il
» avoit intérêt. Les Baillifs prétendant avoir la gar-
» de des grands chemins, connoiſſoient des délits
» commis en iceux ; les Gentilshommes prétendirent
» tous être en la garde de leur Seigneur, foutenant
» même avoir cet ancien privilége.... de ne pou-
» voir être jugés qu'à l'aſſemblée des Pairs de fief
» ou francs hommes, c'eſt-à-dire des vaſſaux Gen-
» tilshommes comme eux.

Ce fut dans ces temps que les appels au Souve- 10
rain devinrent plus communs, les ferfs ou vilains
y furent admis comme les libres, pour ſe rédimer de la vexation des plus forts; & les Lettres
d'appel priſes en Chancellerie paroiſſent un veſtige
de l'ancien uſage des Lettres de garde, comme l'a-
mende eſt un reſte de l'appel de faux Jugement,
pour punir la félonie de celui qui avoit accuſé fans
fondement fon Seigneur & Juge de ne lui avoir pas
rendu juſtice. (8)

Dans un certain temps du Gouvernement féodal,
les Sentences étoient preſque toujours en dernier
reſſort, parce que chaque Juge ne connoiſſoit que
de choſes proportionnées à ſon dégré; mais cela avoit
occaſionné l'uſurpation de l'autorité; & pour empêcher qu'il n'arrivât le même inconvénient des Baillifs, le Souverain dans ſon Conſeil admit encore les
appellations de leurs Jugemens, ce qui étoit encore
une ſauve-garde plus directe. (9)

La Bourgeoiſie du Roi & des Souverains n'étoit 1r
autre choſe que leur ſauve-garde; l'ancien nom des
protecteurs & des gardiens eſt une preuve décifive
en cette matière : On les appelloit *Maimbourgs* dans
la France comme dans l'Allemagne. Toutes les an-

---

(8) Eſprit des Loix, *liv. 28*, | (9) Mézeray fous Clotaire II.
chap. 27 & ſuiv.

ciennes Chartes & Diplômes de protection portent toujours ces synonimes *sub Mundeburgio & defensione.*
M. Ducange, & les sçavans Bénédictins qui ont **12** amplifié son Glossaire, (10) trouvent que *Mund* signifie tuteur, protecteur & défenseur ; & comme on a vu que les Seigneurs accordoient la protection dans les Bourgs près de leurs Châteaux, on joignoit dans l'usage le nom de Protecteur à celui de Bourg, ce qui forma le nom de *Mainbourg,* qu'on appliqua dans la suite, non seulement aux Protecteurs des Bourgs, mais encore à ceux des Eglises, des pupilles, des mineurs & à tous autres.

C'est ainsi que l'Empereur Othon I s'en servit pour la Franche-Comté, en mettant le Monastére de Lure sous la protection des Rois de Bourgogne. *Congregatio deinceps maneat sub Mandiburdio Regum Francorum.* (11)

C'est ainsi que les Coûtumes d'Allemagne & des Pays-Bas appellent *Mainbourg* le tuteur qui a la garde noble des pupilles, (12) de même qu'en France il a été appellé *Bail* & *Baillistre.*

On lit dans un Traité fait en 1495 entre Charles VIII Roi de France, & Maximilien I Roi des Romains. » *Item,* que les Comtés de Bourgogne & » d'Artois... feront rendus au Roi des Romains, » comme *Pere & Mainbourg* de M. l'Archiduc.

On s'est servi du terme de *Mainbourg* à Naples & dans la Sicile, toujours dans le sens d'administration & de protection. (13) Les Dictionnaires

---

(10) *Verb.* MUNDIBURDUS, MUNDIBURDIUM, MUNDIUM, MUNDMANN.

(11) Hist. de l'Egl. de Bes. *tom. 2, pag. 13*. Les Rois de Bourgogne s'appelloient Francs, comme ceux de Neustrie, parce qu'on y parloit la même Langue & qu'on avoit dépendu des mê-

mes Souverains. L'expression de ce diplôme indique aussi que le nom de Franche-Comté vient des hommes francs qui s'y sont établis *Voyez* Rageau *verb.* FRANC.

(12) Rageau, *verb.* MAMBOUR-NIR.

(13) Ibid. *Mamburgus significat curatorem Reipublicæ. Mamburgium*

le définiſſent par défenſeur ou gouverneur, (14) &
en Langue Allemande *Berghen* ſignifie encore
garder. (15)

Si donc on a appellé dans la France, l'Allemagne & l'Italie les protecteurs, défenſeurs, tuteurs &
gardiens, du nom de Baillifs & de Maimbourgs, il
a été fort naturel d'appliquer aux protégés en général le corrélatif, en les nommant Bourgeois, par
analogie avec les hommes libres qui étoient protégés dans les Bourgs par les Seigneurs à qui ils
s'étoient ſoumis.

C'eſt par cette protection que la Juriſdiction des   14
Baillifs s'eſt étendue ; c'eſt par le même moyen que
les Souverains ont regagné leur autorité & les peuples leur liberté ; le goût même de la ſauve-gade
du Roi devint ſi commun, que les Juges de Champagne ſe ſont longtemps attribué le pouvoir de rendre Bourgeois du Roi les juſticiables des Seigneurs
pour augmenter leur pratique (16) au moyen des
Lettres de Bourgeoiſie qu'ils accordoient pour que
l'on pût plaider devant eux ; de même que les Papes
avoient ôté les Moines de la Juriſdiction des Evê-   15
ques par des Bulles d'exemption, qui ne contiennent
autre choſe que la ſauve-garde & protection du
Pape.

L'autorité des Princes ſe rétabliſſant ainſi par   16
l'augmentation du pouvoir de leurs grands Officiers,
fit diſparoître l'arrogance des petits Seigneurs qui
vouloient auparavant ſoutenir leur indépendance :
On s'empreſſa donc de recourir à laprotection du Roi
ou des Grands, & les ſerfs qui s'affranchirent paſ-

---

vel Mandiburdium, curationem
vel tuitionem, quâ voce utitur Fre-
dericus Imp. & Rex Siciliæ, lib. 2,
Conſtit. Neap. tit. 44.
(14) Dictionnaire de Trevoux,

au mot MAMBOURG.
(15) Ducange, *verbo,* RACHIM-
BURGI.
(16) Paſquier, *Recherches, l. 4,*
chap. 7. Chopin *de Domanio.*

ferent sous la sauve-garde & Bourgeoisie du Souverain, comme la formule des affranchissemens actuels
le prouve encore, en donnant à l'affranchi la qualité de
Francs-Bourgeois du Roi.

Les Seigneurs firent de grandes plaintes sur cette
protection, qui les privoit de leur Jurisdiction & de
leurs sujets. Ils obtinrent en 1287 & 1302 les fa-
meuses Ordonnances de Philippe-le-Bel (17) qui
restraignirent la facilité de s'avouer Bourgeois, en
exigeant des formalités, des droits & une résidence
pendant certains temps de l'année dans une Ville ou
Bourg du domaine, qu'on ne pourroit quitter sans
payer la sortie; malheureusement pour les Seigneurs
l'Ordonnance ne fut pas trop bien suivie. Les Nobles du Duché de Bourgogne, des Diocèses de Lan-
gres, d'Autun & de Châlon, le Comte de Forez,
le Sire de Beaujeu & plusieurs autres, voyoient avec
regret l'aggrandissement des Justices du Souverain
aux dépens des leurs. Ils reclamerent en 1315,
mais ils n'obtinrent d'autre satisfaction que des Ordonnances ambigues, où l'on réservoit toujours les
cas de souveraineté & de ressort, le droit de mettre des
Pannonceaux dans les Justices Seigneuriales; &
lorsqu'on sollicitoit le Roi de déclarer quand il en
useroit, il répondoit *que Royale Majesté étoit enten-
due ès cas qui de droit ou de ancienne coûtume puent
& doient appartenir au Prince & à nul autre.* (18)

Les Nobles de Champagne dans le même temps
convenoient de la Jurisdiction du Roi dans leurs terres à raison de ses Bourgeois; mais ils demandoient
la confirmation de l'Ordonnance de 1302, ce
qui leur fut aussi accordé en 1315 (19) sans qu'ils
ayent pu venir à bout de la faire exécuter; car

______

(17) A la fin de Legrand sur la Coût. de Troyes.
(18) Nouveau Recueil d'Or- donnances, *pag.* 555, 567, 606.
(19) *Voyez* à la fin de Legrand cette Ordonnance.

plus de deux siécles après, lors de la rédaction de
la Coûtume de Champagne, Jean Milon faifoit beaucoup de proteftations pour la Nobleffe contre ces
Bourgeoifies du Roi. (20) Malgré quoi le Procureur
Général fit toujours rédiger l'article II du tit. I de
la Coûtume de Troyes, fur lequel Legrand décide
» que la vraie fource de ces droits de Bourgeoifie
» eft l'oppreffion des fujets, lefquels pour s'en rédi-
» mer fe tiroient de la Juftice de leurs Seigneurs
» pour fe mettre en la Juftice des Souverains plus
» puiffans, comme ordinairement plus douce & moins
» fujette aux vexations que les autres.

Il y eut auffi en Allemagne grande fermentation
au fujet de certaines Bourgeoifies, à-peu-près de
même efpèce, que les Villes Impériales accordoient
aux fujets des Seigneurs. L'Auteur des Annales de
l'Empire (21) prétend que ceux qui ont parlé des
Phalbourgers ou Faux-Bourgeois fe font vraifemblable-
ment mépris. » La Bulle d'or, dit-il, ordonne que
» les Bourgeois qui appartiennent à un Prince ne
» fe faffent pas recevoir Bourgeois des Villes Im-
» périales pour fe fouftraire à leurs Princes, à moins
» de réfider dans ces Villes ; rien de plus jufte, rien
» même de plus facile à exécuter ; car affurément
» un Prince empêchera bien un Citoyen de fa Ville
» de lui défobéir fous prétexte qu'il eft reçu Bour-
» geois de Bâle ou de Conftance. Pourquoi donc y
» eut-il tant de troubles à Strasbourg pour ces faux
» Bourgeois? Pourquoi fut-on en armes? Strasbourg
» pouvoit-elle, par exemple, foutenir un fujet de
» Vienne à qui elle auroit donné des Lettres de Bour-
» geoifie, & qui s'en feroit prévalu à Vienne?
» Non, fans doute. Il s'agiffoit de quelque chofe

______

(20) Procès verbal de la rédaction de la Coût. de Troyes,

(21) Sous l'an 1357.

» de plus important & de plus facré. Des Seigneurs
» vouloient ravir à leurs fujets le premier droit
» qu'ont les hommes de choifir leur domicile ; ils
» craignoient qu'on ne les quittât pour aller dans
» les Villes libres. Voilà pourquoi l'Empereur or-
» donne que les Strasbourgeois ne donneront plus
» le droit de Citoyens à des étrangers, & que les
» Strasbourgeois veulent conferver ce droit qui peu-
» ple une Ville & qui l'enrichit.

Mais il paroit que c'eft outrer l'objection : il ne
s'agiffoit pas pour Strasbourg de donner à des Habitans de Vienne le droit de Bourgeoifie, Strasbourg
ne faifoit qu'accorder fa protection à des ferfs de
fon voifinage contre les vexations des Seigneurs ;
tous les grands vaffaux accordoient bien cette protection aux fujets opprimés contre leurs Seigneurs ;
hé ! pourquoi les Villes Impériales n'auroient-elles
pas fait de même ? Le Diplôme d'Henri VII de
19 1308, la Bulle d'or de 1356 & une autre de 1365
donnée par l'Empereur Charles IV, concernant les
Faux-Bourgeois (22) ne font autre chofe qu'une
imitation de l'Ordonnance de 1302, par laquelle
Philippe-le-Bel obligeoit les Bourgeois qui vouloient
jouir du bénéfice de l'exemption de la Jurifdiction
des Seigneurs, de demeurer dans une Ville du domaine depuis la Touffaints jufqu'à la S. Jean ; ainfi
les Bourgeoifies des Villes Impériales étoient de
vraies protections. Les Auteurs ont donc eu raifon
de dire que c'étoit un privilége par lequel le fujet
d'un Seigneur toujours réfidant dans fa Terre, fe
faifoit Bourgeois malgré lui, pour jouir des priviléges de la Bourgeoifie à laquelle il étoit affocié,
c'eft-à-dire d'avoir une autre Jurifdiction que celle
du Seigneur qu'il défavouoit.

---

(22) Ducange, *verb.* PSALBURGER.

L'article III,tit. III de la Coûtume de Befançon qui 20
exige la réfidence d'an & jour de la part du mainmortable , pour profiter du privilége de tranfmettre
franchement à fes heritiers les biens fitués dans le territoire de cette Ville Impériale , eft une preuve , de
même que le Diplôme de Wenceflas de 1398,que l'on
y accordoit la retraite aux fujets des Seigneurs ; &
l'art. II du tit. premier qui permet à ces Seigneurs
de les révendiquer dans l'an & jour , eft , comme le
dit M. d'Orival , une grace qu'on leur a bien voulu
faire pour entretenir la concorde. Ce droit de fuc-
ceffion n'exclut point mes remarques fur la Jurifdiction , & je perfifte à penfer que toutes les Villes
un peu confidérables accordoient non-feulement la
retraite , mais encore une protection pareille à celle
des grands Seigneurs, & que le domicile requis par
la fuite ne fut qu'une modification pour appaifer
la Nobleffe , puifque l'on permettoit encore aux
Bourgeois, dans le XIVᵉ. fiécle , de ne réfider que
fept mois dans la Ville qu'ils avoient choifie.

Il y eut en Suiffe même fomentation que dans le 21
refte de l'Allemagne. » La Nobleffe du pays récla-
» moit en général les hommes que les Bernois avoient
» fait Bourgeois de leur Ville contre le droit des
» gens de ces temps-là , qui ne permettoit pas que
cela fe fit contre le gré du Seigneur de Jurifdiction. (28) Ce prétendu droit des gens eft encore
contraire aux faits. La Coûtume n'étoit pas ancienne , il eft vrai , mais elle étoit appuyée de l'autorité des forts contre de moins puiffans , & tendoit
à la liberté , cela fuffiloit pour établir un droit nouveau.

---

(28) Hift. de Suiffe du Baron d'Alt , *tem.* 1 , *pag.* 457 , fous l'an 1357.

CHAPITRE VI.

De l'établissement des Bailliages, & des Bourgeoisies du Souverain en Franche - Comté.

1 LA Bourgeoisie ou sauve-garde du Souverain, qui procuroit aux Baillifs & Gardiens des justiciables, nous fut inconnue jusqu'à Philippe-le-Long Roi de France, qui, épousant Jeanne l'héritiére du Comté, apporta dans le Gouvernement de la Province les maximes françoises qui n'étoient pas encore trop en usage.

2 Jusques-là, dit Gollut, » *il y avoit des Maisons si* » *puissantes en terres & en vassaux que le Comte de* » *Bourgogne y fut, pour ainsi dire, sans autorité jus-* » *qu'au quatorzième siécle que cette Province passa à* » *une branche de la Maison de France, & dès-lors à* » *celle d'Autriche, dont les Princes ont été assez* » *puissans pour se faire respecter.* Auparavant (1) » nos Comtes connoissoient par droit de fief des » causes de leurs vassaux dans les assemblées des » Barons, dont nos anciens titres parlent souvent sous » le nom de plaids; mais l'on ne voit pas qu'ils se » mêlassent de ce qui se passoit dans les terres des 3 » Seigneurs; je ne trouve pas même qu'ils ayent » eu des Baillifs avant le milieu du treizième sié- » cle, que Huë de Poligny fut Baillif général du » Comté de Bourgogne. (2) Cet Office fut proba- » blement institué pour suppléer aux fonctions de

---

(1) Ce qui suit est copié de M. Dunod, Administ. de la Justice, pag. 300. V. Obs. sur la Coût. pag. 94 & 95, n. 17. Hist. du Comté, tom. 2, pag. 369.

(2) HUGUES DE SAULIEU l'étoit déja en 1230. Perard, pag. 413 & 449.

» celui de Sénéchal négligé par la Maison de Ri- 4
» gney qui le possédoit héréditairement ; car leurs
» fonctions ont été les mêmes dans les commence-
» mens , & ce n'a été qu'à la suite que les Baillifs
» ont été Juges ordinaires des terres du domaine
» & des sujets du Souverain ; » ce fut une occasion
aux Nobles, aux Ecclésiastiques, aux sujets même
des Seigneurs qui souffroient oppression, de recourir à leur autorité ; & c'est peut-être par cette raison
que le Baillif général du Comté a porté la qualité
de Gardien.

Gollut qui donne la suite des Baillifs généraux du 5
Comté qu'il a pu découvrir, dit que leur puissance
a été à-peu-près égale à celle des Sénéchaux, des
Maréchaux, des Connétables , des Gardiens & des
Capitaines Généraux du Comté ; que souvent ces
Offices étoient réunis dans la même personne, ou
du moins qu'ils en faisoient indifféremment les fonctions sous la dépendance du Comte devant qui l'on
appelloit de leurs Sentences, & qui décidoit dans
son Château de Dole , assisté de son Chancelier & de
ses Conseillers. De là, selon lui, vient notre Parlement.

M. l'Abbé Guillaume m'a communiqué des notes
que Gollut avoit faites en marge d'un exemplaire de
ses Mémoires, où il est dit que quelquefois les Baillifs,
dans les treizième & quatorzième siécles furent sous
la dépendance des Gouverneurs, des Connétables &
des Gardiens ; que quelquefois ils n'étoient députés
qu'à certaines parties du Comté, d'autres fois avec
plus de pouvoir, selon les circonstances : Ainsi, par
exemple, Gerard de Montfaucon, Gardien en 1350,
étoit Baillif général en 1363.

Parmi tous ces différens faits, voici ce que j'ai 6
pu recueillir de plus positif sur ce qui aggrandit
& détermina l'institution & la Jurisdiction des Baillifs dans la Province , en leur transférant le droit de
juger les sujets des vassaux.

Eudes Duc de Bourgogne, qui époufa la fille de Philippe-le-Long, Roi de France, héritière du Comté, fut celui de nos Souverains qui frapa le coup le plus décifif pour mettre des bornes à l'autorité de fes vaffaux : Il vivoit dans un temps où les Bourgeoifies du Souverain caufoient des révolutions par tout.

On a vu à la fin du Chapitre précédent les plaintes des Seigneurs de France en 1287, 1302 & 1315 ; celles des Seigneurs d'Allemagne en 1308, 1356 & 1355 ; celles des Seigneurs Suiffes en 1337 ; il en fut de même en Comté où il y eut à ce fujet une guerre en 1336. J'emprunte encore les termes de M. Dunod. (3)

» La Nobleffe étoit mécontente en général de
» *Guy de Villefrancon* que le Duc avoit fait *Baillif*
» *de Comté*, & qui avoit peu d'égards aux priviléges
» & franchifes de la Nation, aux droits & à la qua-
» lité des Barons du pays ; ces Seigneurs accoûtu-
» més à l'exercice d'une Jurifdiction indépendante
» dans leurs terres, & qui croyoient avoir le droit
» de faire la guerre au Souverain quand il ne leur
» rendoit pas juftice, fouffroient impatiemment qu'un
» Juge fubalterne CONNUST DE LEURS DIFFÉRENDS
» ET PROTÉGEAT LEURS SUJETS ; ils envoyerent donc
déclarer la guerre au Duc (4) à Beaune, où il étoit

---

(3) Hift. du Comté, *tom.* 2, *pag.* 232.

(4) Dunod, *ibid.* Chifflet, *Vefontio*, *pag.* 239. Gollut, *pag.* 438

VERS d'un Jacobin contemporain.
Le Dux qui tant avoit monté
Quant fe veit Seigneur du Comté,
Il meit Bailli de l'une part,
Un Chevalier affez appart ;
Mais quand à l'Office fut mis,
Au Dux acquit mout d'ennemis ;
Car *fainte Eglife s'en plaignoit* ;
Les grands Barons leurs freins ron-
geoient,

Car felon ce qu'ils affermoient
Il *affreuoit en maintes guifes*
Leurs Coûtumes & leurs franchi-
fes.
En la fin n'en vint pas grand joie,
Car ladite deffus année
Mil trois cens trente-fix clamée,
Aucuns Barons prirent à droit
Pour leurs Coûtumes & leurs droits
Garder, felon ce que me femble,
Loyauté promirent enfemble
Et defierent le Dux Eudes.
Un Dimanche, fecond fe cuide
D'avril le quatorzième jour,
Puis le lendemain fans féjour,

avec le Roi de France le 14 avril 1336, & dès le lendemain prirent & brûlerent le Château d'Arguel, Salins & Pontarlier, puis affiégerent Choye dont ils s'emparerent après une longue réfiftance. Ces premiers fuccès furent fuivis de revers, ils perdirent une bataille à la Malecombe, malgré leur jonction aux Citoyens de Befançon, & ils furent contraints de demander grace au Duc.

D'autre côté l'Archevêque de Befançon vouloit foutenir fa Jurifdiction avec les armes de l'Eglife ; il défendit, à peine d'excommunication de recevoir les teftamens fous d'autre fcel que celui de l'Official, & ce fcel étoit attributif de Jurifdiction. En même tems la Comteffe Marguerite faifoit des défenfes à toutes perfonnes du Comté de plaider autre part que devant fes Juges fur les actions réelles & forfaits. Elle appella au S. Siége des monitions & excommunications, ce qui força l'Archevêque Guillaume en 1376 de les lever. En 1397 Philippe Roi de France ordonna aux Notaires de ne recevoir les teftamens que fous le fceau du Comté, nonobftans tous Mandemens de l'Archevêque, & en 1399 il ordonna qu'en concurrence la prévention en appartiendroit à fes Juges. (5)

C'eft ainfi que pendant tout ce fiécle on retrancha les Juftices d'Eglife & des Seigneurs; les Baillifs exercerent plus tranquillement leurs fonctions, qui augmenterent de jour en jour par la conceffion des Bourgeoifies du Souverain, qu'ils fe mirent en poffeffion d'accorder comme les Baillifs de Champagne. J'en donnerai pour exemple celle de Morteau, dont les titres font encore exiftans; on les rapportera en entier à la fin de cet Effai.

Fut ars Salins, puis Pontallie,
Par leur & par leur compagnie
Et fait grande deftruction
En toute cette région.

(5) Titres de la Chambre des Comptes.

9   Dès l'an 1380 ou environ, le Seigneur de Vy-lés Lure, Baillif du Comté de Bourgogne, reçut les Habitans du Val de Morteau *en la tution, sauve-garde & spéciale protection* du Duc de Bourgogne. Ils commençoient à se repentir de s'être soumis aux Comtes de Neufchatel, Seigneurs de Venne, qui s'attribuoient des droits dans le Val, à prétexte de gardienneté; (6) & ils comptoient se rédimer de la vexation en recourant à la protection d'un Prince plus puissant; ils firent donc signifier à leurs Seigneurs les Lettres de sauve-garde que le Baillif du Comté leur avoit accordées, & firent mettre sur leurs maisons *enseignes, brandons & pannonceaux*, avec les armes du Duc de Bourgogne.

10   La Comtesse de Neufchatel & le Cardinal de Montenay, pourvu en commende du Prieuré de Morteau, furent surpris de la hardiesse de leurs sujets; mais comme c'étoit le Baillif seul qui avoit accordé la protection, la Comtesse de Neufchatel demanda au Duc de Bourgogne de faire révoquer les Patentes, offrant de donner assurance pour la tranquillité des Habitans du Val de Morteau. Ce Prince fut obligé par égard de céder à la demande de la Comtesse, & donna verbalement des ordres à ce sujet.

   Elle ne tint cependant point parole pour les assurances qu'elle avoit promises, ensorte que les Habitans du Val se virent contraints de suivre l'effet de leur sauve-garde, & recoururent au Baillif, non seulement en vertu des Lettres qu'il avoit accordées,

11 mais encore sur de nouvelles Patentes qu'ils obtinrent en 1388 du Duc de Bourgogne, portant « *que* » *comme par la Coûtume du pays il leur loise eux* » *avouer nos Bourgeois, parmi leur soumettant payer* » *les droits qui nous appartiennent, & le service sur*

---

(6) Dunod, Hist. de l'Eglise, *tom, 2, pag. 164.*

» ce introduit. Nous vous mandons (au Baillif)
» qu'audit cas vous les receviez en notre Bour-
» geoisie, de les enrégistrer, faire jouir & user
» des libertés & franchises dont usent nosdits
» Bourgeois, & les preniez & mettiez en & sous no-
» tre protection spéciale & sauve-garde, ainsi &
» comme nos semblables Bourgeois ont coûtume de
» faire; défendant à tous ceux dont vous serez re-
» quis qu'auxdits Habitans & leurs familles ils ne
» méfassent ou fassent méfaire en aucune ma-
» nière.

Pour rendre cette protection plus stable, en y in- 12
téressant les droits du domaine du Souverain, les
Habitans du Val se présenterent l'année suivante
pour faire les devoirs de Bourgeoisie, & reconnurent le 7 juin 1389 *s'être mis perpétuellement en la*
protection, sauve-garde & Bourgeoisie de M. le Duc
de Bourgogne, en payant chaque an deux cens livres de
cire à son Receveur de Pontarlier, à charge de les main-
tenir & garder comme ses Bourgeois de Pontarlier &
les autres de sondit Comté de Bourgogne.

Malgré toutes ces précautions, ils ne purent ce- 13
pendant engager le Baillif à les défendre. La Comtesse de Neufchatel & le Cardinal de Montenay for-
merent opposition à la sauve-garde, & on plaida à
Pontarlier devant Bonguichard, Lieutenant général
du Baillif.

La Comtesse & le Cardinal soutinrent que suivant 14
le droit commun de ces temps-là leurs sujets justiciables & mainmortables ne pouvoient faire *alliance,*
Bourgeoisie ou commandise sans leur consentement ;
ils avoient un exemple voisin dans les Habitans du
Val du Saugeois, dont l'alliance avec Guy de Montfaucon avoit été déclarée nulle en 1340 (6) par des

---

(6) Arch. de Montbenoit.

D

arbitres, sur cette même raison que leur dépendance de l'Abbé de Montbenoit les avoit empêché de faire alliance & Bourgeoisie avec d'autres contre leurs propres reconnoissances ; & pour appuyer cette raison, qui n'avoit plus lieu vis-à-vis du Souverain, ils alléguerent ses ordres pour la nullité des Lettres, moyennant la caution qu'ils offrirent pour la sûreté des personnes & des biens des Habitans du Val de Morteau.

15   Ceux - ci de leur côté vinrent, au nombre de 240, plaider leur cause ; ils avancerent *que selon la dispo-sition du Droit commun, l'usage & coûtume notoire & générale du Comté de Bourgogne, toutes gens, de quelque condition qu'ils fussent, pouvoient se mettre en la sauve-garde du Duc, & devoient y être reçus par lui ou par ses Officiers ; que c'étoit un droit de la Sou-veraineté, dont lui & ses successeurs jouissoient de temps immémorial.*

16   Cette Coûtume notoire & si favorable à la Juris-diction des Baillifs ne pouvoit être ignorée de son Lieutenant ; elle étoit arrêtée dans des Lettres-pa-tentes du Souverain ; mais le crédit du Cardinal & de la Comtesse l'emporterent, on eut égard à leurs soumissions, & la Sentence mit la sauve-garde *au néant, ordonnant que les pannonceaux seroient ôtés.*

17   Le Parlement du Duc envisagea bien diffé-remment cette affaire, on n'y eut aucun égard aux raisons des Seigneurs, cela intéressoit trop l'ordre public, & par un premier Arrêt contradic-toire du 12 mai 1390, la sauve-garde fut confirmée par provision, & la Sentence annullée, avec ordre au Lieutenant du Baillif de remettre au Greffier du Parlement tous actes relatifs à cette procédure ; sur laquelle enfin intervint l'Arrêt définitif du 6 juin 1392, qui confirma la Bourgeoisie ou sauve-garde par défaut contre le Prieur & le Gardien. C'est en conséquence que les Habitans de Morteau ont payé

longtemps au domaine le cens de cire, fans jamais cependant prétendre de Bourgeoifie à Pontarlier. Ils fçavoient bien que ce n'étoit qu'une protection ; l'affaire avoit trop fait de bruit dans le Val, pour ne s'être pas confervée longtemps par tradition : les titres qui en reftent font décififs. L'analyfe qu'on en a faite paroit affez claire, & fuffit pour donner une idée par comparaifon de ce qui s'eft paffé dans la Province à ce fujet.

Telle étoit donc la Coûtume ancienne du Comté lors de l'établiffement des Bailliages ; le Prince accordoit fa protection aux fujets des Seigneurs moyennant des droits annuels : ceux qui avoient cette protection s'appelloient Bourgeois du Souverain , cela leur procuroit double avantage.

Le premier , d'être défendu par le Baillif & de pouvoir demander juftice au Bailliage, foit en première inftance , foit en caufe d'appel, dans le temps que les Juges feigneuriaux étoient feuls en droit de décider entre les fujets de leur territoire; même de pouvoir décliner la Jurifdiction de ces Juges inférieurs.

Le fecond, de pouvoir fe retirer dans les places fortes du Souverain , foit en temps de guerre, foit pour éviter les vexations du Seigneur ; peut - être même pour y faire des délibérations interdites aux mainmortables dans leur Seigneurie.

La preuve du premier avantage fe tire des Coûtumes qui parlent des Bourgeoifies du Roi, & ces Coûtumes font les plus voifines ; ce font celles de Bourgogne & de Champagne, dont on verra la conrmité avec celle du Comté.

Toutes gens Bourgeois du Roi , en quelques Villes & lieux qu'ils demeurent , font jufticiables de la Juftice du Roi & non d'autre. Coût. de Vitry, *tit. I, art. VI.*

Auxerre , *art. XXXV.* ,, Les Bourgeois du Roi ,, peuvent avant litifconteftation décliner la Cour ,, & Jurifdiction de tous Seigneurs fubalternes , en

» toutes caufes perfonnelles & en tous cas & délits, ex-
» cepté en cas de préfent méfait, & en cas de délit
» commis trois mois avant la Bourgeoifie obtenue ;
» mais pour raifon des drois feigneuriaux, & en ac-
» tions réelles à caufe d'héritages affis en la Seigneu-
» rie d'un Seigneur, les Bourgeois ne font exempts
» d'icelui, mais répondent pardevant les Juges du
» lieu.

La Coûtume de Sens, *art. CXXXV, CXLI &*
CXLII, porte que moyennant douze deniers an-
nuellement, ils peuvent décliner la Cour & Jurifdiction de tous Seigneurs fubalternes, ou délits ou
caufes perfonnelles, en s'avouant, *&c.*

Celle de Troyes, *tit. I, art. II*, appelle Bourgeois
du Roi des Habitans qui ont quelque privilége pour
plaider feulement en la Jurifdiction Royale & décliner celle des Seigneurs, ce qu'on appelloit auffi
droit de Jurée, parce que ceux qui fe rendoient
jufticiables faifoient un ferment pardevant le Juge
Royal, & payoient fix deniers pour livre de meubles & deux deniers des immeubles. (7)

Suivant l'ancienne Coûtume d'Yffoudun, le ferf
pouvoit s'avouer Bourgeois du Roi, en payant an-
nuellement un feptier d'avoine, & jouir des droits de
Bourgeoifie (8)

De même à Melun en Berry, c'eft ce qu'on appelloit *Avénage ou Bourgeoifie d'avoine.* (9)

La Coûtume de Nivernois, *tit. IX, art. VI & VII*,
a de pareilles difpofitions. (10)

La Coûtume ancienne de Franche-Comté autori-
foit, comme on l'a vu, le ferf s'avouer à Bourgeois
du Roi fans être affranchi, puifque les Habitans de

---

(7) Le grand Coût. de Troyes,
tit. I, art. I, gl. 2.

(8, 9 & 10.) Rageau, indices, *aux mots* AVÉNAGE, BOUR-
GEOISIE. Ducange, *verb.* BUR-
GAGIUM, BURGAGIA. La Thau-
matliere, coût. de Bourges, *liv.* 2,
chap. 90, *pag.* 196.

Morteau confirmés tels n'ont été affranchis qu'en
1600 ; aussi lors des affranchissemens actuels, on ne
déclare pas seulement le serf Bourgeois du Roi, ils le 19
font tous devenus par l'usage ; mais on le déclare *affran-*
chi & franc Bourgeois du Roi.

Cet ancien usage de s'avouer justiciable du Souverain paroit avoir trait au tit. XIV de la Coûtume 20
du Comté, & au titre XII de celle du Duché : *L'aveu*
emporte l'homme ; quand il est détenu pour cas criminel,
& que punition corporelle se doit ensuivre, il doit être
rendu au Seigneur à qui il s'avoue, si avoir le veut, s'il a
puissance & pouvoir de juger ledit cas.

Ainsi, de même qu'en matière civile on pouvoit réclamer le Souverain, on réclamoit son Seigneur en
matière criminelle ; mais le Juge seigneurial ne pouvoit juger le criminel qui s'avouoit, s'il n'avoit le
pouvoir de juger de son crime ; or les cas royaux,
& notamment la sauve-garde enfrainte, étant de la
seule compétence des Baillifs, c'étoit un obstacle à
l'aveu du Seigneur, qui faisoit donner la préférence
à celui du Souverain.

L'art. I du tit. VII de la Coûtume d'Auvergne
autorisoit le Sujet à réclamer son Seigneur tant en
matière civile qu'en matière criminelle ; or ces Coûtumes qui favorisoient l'aveu d'un Seigneur en éga-
lité de puissance, devoient sans doute favoriser bien
davantage l'aveu du Souverain, plutôt que de l'ex-
clure. Aussi Chassanée, sur l'art. IX de la mainmorte du Duché, dit : *Baro vel Comes non potest*
inhibere subditis, nè reclament ad superiorem ; & Char-
les-Quint déclara que notre article n'auroit pas lieu
lorsque le détenu seroit dans les prisons du Souverain. (11)

C'est ainsi que les serfs s'avouant Bourgeois du 21

---

(11) Dunod, Obs. *pag.* 79

Souverain , autoriferent les Juges à féprévendiquer, & la prévention des Bailliages fur les Juges feigneuriaux dérive de cette coûtume qu'on avoit de s'avouer Bourgeois du Souverain , au moyen de quoi on devenoit fon jufticiable, en prenant des Lettres de fauve garde ou Bourgeoifie , que les Baillifs du Comté accordoient comme ceux de Champagne ; la qualité de Gardiens que ces Officiers portoient, prouve encore la relation qu'il y avoit de leur Office à la fauve-garde ou Bourgeoifie.

22   Ainfi donc , quoiqu'on n'ait pas rédigé dans cette Province comme dans les Coûtumes voifines l'ufage de s'avouer Bourgeois du Souverain , il n'en a pas moins été fuivi avec des effets pareils. Il exifte encore dans la formule des affranchiffemens, dans les cens payés à raifon de ce droit de Bourgeoifie , dans la prévention des Bailliages fur les Juges feigneuriaux , malgré les anciennes défenfes faites aux Juges Royaux d'entrer dans les terres de fief, & voilà à quoi il eft réduit,

23   Le fecond avantage de la Bourgeoifie du Souverain n'étoit pas moins réel que le précédent; les Baillifs commandoient les troupes en adminiftrant la Juftice , & la force en main faifoient refpecter leurs décifions ; ils donnoient retraite dans les places fortes de leur Maître , foit en temps de péril de guerre, foit aux fujets des Seigneurs qui fuyoient les vexations ou qui vouloient faire des affemblées interdites aux gens de poëte dans la Seigneurie dont ils étoient. A préfent les chofes ont changé de face , les mainmortables s'affemblent, les Juftices font en régle , il y a des troupes foudoyées pour faire le guet & garde dans les Villes au lieu & place des retrahans , & il n'eft plus queftion de ce fecond effet de la Bourgeoifie du Souverain.

24   On ne peut étendre cette Bourgeoifie particulière au-delà de la formule des conceffions ; celle de Mor-

teau, qu'on a donnée pour exemple, ne parle que d'une Bourgeoisie du pays en général, & de celle de Pontarlier par comparaison; elle fixe les droits à la sauve-garde & protection, *les brandons & pannon-ceaux* mis sur les maisons du Val en sont la preuve; la reconnoissance pour le service de Bourgeoisie ne parle non plus que d'une Bourgeoisie du Pays. *M. le Comte devra garder lesdits Habitans comme les Bourgeois de Pontarlier & les autres de son Comté de Bourgogne encontre quelque personne que ce soit.* Ainsi, à supposer qu'on les eût associés à la Bourgeoisie de Pontarlier, ce n'étoit que pour leur indiquer le lieu de la protection, le siége des Juges à qui ils pouvoient s'adresser, la place forte où ils pouvoient se retirer en cas de vexation & d'imminent péril, pour y être soutenus & défendus.

Il ne s'agit point là d'une association à des biens 25 communs, mais d'une protection; & si cela donnoit la Bourgeoisie de Pontarlier, cela donneroit aussi celle de tous les lieux du Comté, ce qui est absurde. Tous les francs & affranchis sont Bourgeois du Roi. Presque toute la France a été affranchie de la servitude, à la réserve de quelques Villes libres d'origine, des Nobles & des Clercs, que les Coûtumes rangent dans une classe différente. Ainsi, parce que toutes les Villes sont au Roi, les Bourgeois du Roi le seroient de toutes les villes; les graces particulières faites par les Rois aux Bourgeois de Paris appartiendroient à tous les sujets, & par Bourgeois de Paris il faudroit entendre tous les François.

Mais les faits en disent assez pour épargner tous 26 les raisonnemens, & il est clair que la Bourgeoisie du Roi est l'origine de la prévention des Bailliages sur les Juges des Seigneurs, que les Bailliages sont la Justice de protection, & que les Bourgeois du Roi sont les protégés; que s'avouer Bourgeois du

D iv

Roi ou défavouer fon Seigneur, ne font toujours
fynonimes que quant à la Jurifdiction; que pour trouver dans le Droit Romain une comparaifon à cette
Bourgeoifie, on peut dire que c'étoit un droit à-peu-
près pareil à celui des fimples Citoyens, qui pouvoient bien n'être jugés que par certains Juges &
punis de certaines peines, mais qui ne participoient
point aux droits éminens de Cité réfervés aux Citoyens de plein droit.

27   M. le Profeffeur Dunod avoit déja fenti la néceffité de faire une diftinction de la Bourgeoifie; car
on lit dans fes Obfervations, mifes au jour par
M. Dunod, Confeiller au Parlement, & M. de Char-
nage, Maire de Befançon, fes deux fils. » Les Bour-
» geois au Comté font, ftrictement parlant, les ha-
» bitans des Villes & Bourgs, affociés par la Com-
» mune à la Bourgeoifie du lieu ou poffeffion de
» Bourgeois. On peut auffi entendre ce terme de
» toute perfonne qui n'eft pas mainmortable, puif-
» que l'affranchi eft déclaré Bourgeois du Souve-
» rain, ce qui ne l'affocie pas à la Bourgeoifie d'au-
» cune Ville; d'où l'on peut remarquer qu'il y a une
» Bourgeoifie générale dans la Province, compofée
» de tous les Francs.

28   Cette diftinction eft très-bonne dans l'état actuel,
mais dans l'état ancien il falloit encore y ajoûter une
troifième Bourgeoifie; fçavoir, celle des ferfs protégés par le Souverain, puifque les Habitans du
Val de Morteau, qui n'ont été affranchis qu'en 1600,
étoient déja Bourgeois du Souverain en 1388, ce
qui prouve bien que ce n'étoit pas une Bourgeoifie
de Ville, l'ufage ayant toujours été & fubfiftant
encore de ne recevoir aucun mainmortable pour
Bourgeois des Villes de la Province.

29   Dans le temps de la conceffion des Bourgeoifies
du Souverain, il arriva une chofe affez ordinaire,
qui retarda un peu l'établiffement de la Jurifdiction

du Prince. Les sujets les plus vexés & les plus pauvres, furent ceux qui furent protégés le plus tard ; ils n'avoient pas le moyen de soutenir les dépenses qu'occasionnoient les oppositions des Seigneurs. Par exemple, les Habitans de l'Abergement & de Remoray ayant voulu, comme ceux de Morteau, prendre des Lettres de sauve-garde, ne purent jouir du privilége. Dom Jean de Pontarlier, Abbé de Sainte Marie, de qui dépendoient ces Villages, commença par les faire condamner à 1000 liv. d'amende l'an 1404, pour avoir obtenu du Baillif certaines défenses qui manquoient par la forme ; puis en 1406 il les força (12) de renoncer au bénéfice de leurs Lettres de sauve-garde ; & quoiqu'ils eussent d'aussi bonnes raisons que ceux de Morteau, puisque la Coûtume laissoit à chacun la liberté de s'avouer Bourgeois du Souverain & de demander sa protection, ils reconnurent qu'ils ne pouvoient se mettre que sous la garde des Princes de Châlon, & plaider à leur Cour ou à celle de l'Officialité seulement. Cependant à la suite la force de l'usage universel l'a emporté, & ces Villages portent en première instance leurs causes au Bailliage de Pontarlier : Ce fait marque bien le progrès insensible des Bourgeoisies du Souverain dans certaines parties de la Province où l'esclavage étoit le plus dur.

Dans le milieu du quatorzième il n'y avoit toujours qu'un Baillif, (13) & ce Baillif n'avoit qu'un Lieutenant. Philippe-le-Hardi, époux de Marguerite de Flandres, Comtesse de Bourgogne, établit les Baillifs d'Amont & d'Aval, (14) Philippe-le-Bon leur fils établit le Baillif de Dole. Ces trois Officiers s'occuperent plus particulièrement de l'ad-

----

(12) Titres de l'Abergement.　(14) Hist. du Comté, tom. 2,
(13) Patentes de Morteau,　pag. 232, tom. 3, pag. 590.

miniftration de la Juftice, & dès-lors les Baillifs généraux ou Gardiens n'eurent plus que le commandement des armes & le Gouvernement de la Province
fous le nom de Gouverneurs. L'Office de Sénéchal,
héréditaire dans les Maifons de Vergy & de Rigney,
paffa à la Maifon de Bauffremont, (15) puis à celle
de Chabot, comme un titre honorifique fans aucun
exercice ; & les fonctions des Baillifs d'Amont &
d'Aval s'augmentant par la conceffion des Bour-

32 geoifies, ils eurent des Lieutenans qui les aiderent ;
les Généraux alloient tenir les affifes dans tout leur
diftrict, & les locaux étoient fixés à un certain
arondiffement. Ces changemens ne fe firent pas en
un jour, il fallut du temps pour y accoûtumer; les
Villes du Souverain éparfes dans les terres des Seigneurs n'avoient pas encore affez de fujets pour occuper un Juge, les Lieutenans généraux étoient ambulans, & leur autorité étoit encore fi foible, que
Henri Bouchet, Lieutenant général du Baillif d'A-
val & Maître des Requêtes du Duc de Bourgogne,
ne rédigea en 1458 les Coûtumes du Val du Saugeois, & ne condamna à Montbenoît les Habitans à
les obferver que *par emprunt de territoire,* (16)

33 Les actes de Jurifdiction faits par les Lieutenans
généraux à cette date dans le territoire des Seigneurs contenoient tous la même claufe ; le nom de
Lieutenant local auffi-bien que les Sentences rendues aux affifes des Lieutenans généraux, prouvent
que ceux - ci n'étoient point fédentaires. Jerôme
Colin eft le premier qui ait été fixé à Pontarlier environ 1575, car Henri Bouchet n'y étoit que do-
micilié.

34 Ce fut en l'an 1586 qu'on défendit aux Baillifs

---

(15) Gollut, *pag. 138.*
(16) Arch. de Montbenoît, Coûtumier du Saugeois.

du Comté de décider ni d'instruire aucunes causes
civiles ou criminelles sans l'assistance de leurs Lieutenans. (17) En effet, l'administration de la Justice étoit
devenue incompatible avec les armes, depuis que
les usages locaux étoient devenus des Coûtumes
écrites, & depuis que le Droit Romain faisoit la régle des Jugemens dans les cas où la Coûtume n'a-
voit pas décidé. Ce fut en la même année que les
Lieutenans généraux furent rendus sédentaires; (18)
dès-lors les Baillifs n'ont plus eu que le droit de visiter une fois par an leur Bailliage, de pourvoir aux
oppressions du peuple, faire réparer les ponts &
passages, (19) convoquer le ban & arrière-ban,
(20) après que le Parlement l'avoit déclaré : (21)
Telles ont été leurs fonctions jusqu'à la conquête de
la Province en 1674.

CHAPITRE VII.

De la Bourgeoisie des Villes de Franche-Comté.

A PRENDRE les Bourgeoisies des Villes de la
Province dans leur naissance, il faut remonter
à l'origine de chacune en particulier, & ce détail
n'est pas du plan de mon ouvrage; mais suivant
qu'elles seront Cités, Bourgs anciens, Bourgs à Château ou près des Monastéres, on appliquera à leurs
commencemens ce que j'ai dit dans le troisième
Chapitre des différentes Bourgeoisies anciennes.

On peut cependant remarquer en général que les
quatre Comtés de la Province, réunis sous un seul

---

(17) Anc. Ord. *art. CCCXI.*.
(18) Ibid. *art. CCCXXVIII.*
(19) Ibid. *art. CCCXXX*.
(20) *Ibid.* De la Police en temps de guerre, *tit. X, art. III,* *pag. 347.*
(21) Ibid. *art. VI.*

Comte, virent former fous fon autorité de nouvelles Juftices où les Vicomtes préfiderent ; qu'il y en
eut à Befançon, Gray, Vefoul, Dole, Salins, Beau-
me & Bletterans, dont les Offices pafferent par inféodation à certaines familles ; que ces Vicomtes eurent fous eux des Prévôts, & même des Echevins,
dont le Confeil des Villes s'eft formé peu à peu, ou
du moins à leur imitation ; & que par une fuite de
cette imitation, quelques Maires portent encore le
titre de Vicomtes - Mayeurs.

Je ne crois pas cependant que toute la Province
ait été partagée entre un certain nombre de Vicomtes, ni qu'on leur ait attribué la fupériorité fur
les Villes à proportion qu'il y en avoit plus ou
moins dans leur territoire ; on ne trouve pas de
preuve de ce fyftème fuivi pour la Police générale
dans la Province. Mais l'ambition des Seigneurs &
le goût des inféodations indiquent des difmembre-
mens faits au Comté en faveur de certains vaffaux,
aux charges ordinaires de la féauté & du fervice militaire, de même que les Comtes de Paris fous-in-
féoderent une partie de leur territoire à des Seigneurs qui prirent le titre de Vicomtes, faifant eux-
mêmes rendre la juftice par des Prévôts, enforte
qu'il y avoit les Prévôts des Comtes & ceux des
Vicomtes.

Ces Prévôts étoient les mêmes que ceux qui ont
été appellés Maires à la fuite ; on ne doit pas les
confondre avec les Prévôts inférieurs établis poﬆé-
rieurement avec baﬄe Juftice pour la police des héritages ; c'étoient de véritables Chefs de la Commune, fur tout dans les lieux où il n'y avoit pas de
Vicomtes, car ils relevoient en ce cas du Comte
Souverain. Ainfi, par exemple, les Prévôts de Paris tenoient immédiatement leur Office du Comte,
de même que les Vicomtes lui faifoient hommage
d'une partie de fon territoire & des Juftices qui y

étoient enclavées, qu'ils tenoient par inféodation ; il ne faut donc pas faire dépendre toutes les Villes de la Province des Vicomtes, mais seulement celles dont on leur avoit inféodé les Justices, laissant les autres Prévôtés dans la dépendance immédiate du Comté de Bourgogne, dès que l'on ne justifiera pas du pouvoir des Vicomtes, qui n'étoit que subordonné ; ainsi Arbois, Poligny & Pontarlier, qui avoient des Prévôtés, ne relevoient point des Vicomtes. Au surplus je n'entre point dans le détail des preuves de cette police ancienne, sur laquelle on peut consulter Ducange * & l'Encyclopédie. ¶

En se rapprochant plus de notre temps, M. Dunod dit que les Villes & Bourgs du Comté étoient gouvernés par un Conseil dont le Chef portoit le nom de Gouverneur, Capitaine ou Recteur ; qu'il appelloit un certain nombre de notables Bourgeois pour délibérer avec le Conseil ordinaire, lorsqu'il se présentoit des affaires de conséquence. Je trouve, ajoûte-t'il, » que ces Chefs exerçoient la Police in-
» férieure dans les Villes, & en quelques-unes la Jus-
» tice moyenne & basse, longtemps même avant
» qu'ils fussent décorés du titre de Maires, & que
» la haute Justice leur fût accordée. (1)

C'étoit donc le droit ancien que les Maires décidassent les choses de peu d'importance entre les Habitans des Villes, & fissent tous les actes que faisoient les Officiers municipaux des Romains. (2) M. de S. Mauris qui atteste cette pratique, ne la fonde que sur des Loix Romaines ; (3) mais je crois

---

(*) *Verb.* PRÆPOSITUS, MAJOR VILLÆ, VILLICUS, COMES, VICECOMES, SCABINUS.
(¶) *Au mot* CHATELET.
(1) Hist. du Comté, *tom.* 2, *liv.* 6, *pag.* 414.

(2) Obs. sur la Coûtume du Comté, *pag.* 6.
(3) Prat. *tit.* 2, *n.* 18. Loiseau, des Seigneuries, *chap.* 16, des Justices des Villes.

qu'elle dérive auffi de ce que j'ai dit fur la fin du
deuxième & au commencement du troifième chapitre de la Police des Bourgs peuplés de Soldats. Il
eft vrai qu'on a adopté le Droit Romain fur ce point,
parce qu'il étoit conforme aux ufages du Nord, &
qu'on en a emprunté beaucoup d'autres chofes, tant
en ce qui concerne la réception des Bourgeois que
l'adminiftration des biens communs.

7   On n'étoit point réputé Citoyen Romain, quelque féjour qu'on ait fait dans les Municipales, de
même en Franche-Comté.

8   On exigeoit de l'argent des Récipiendaires; on le
pratique de même dans la Province.

9   On ne pouvoit recevoir aucun efclave pour Citoyen, de même on ne reçoit aucun mainmortable
au nombre des Bourgeois, (4) & les regiftres des
Villes qui contiennent des Lettres de Bourgeoifie
accordées à des originaires d'un lieu mainmortable,
font toujours mention de leur affranchiffement. A
Befançon on permet aux mainmortables d'y réfider,
pour jouir d'un privilége particulier à cette Ville, mais
on ne les admet jamais au nombre des Citoyens. (5)

10   Les Villes municipales fe choififfoient leurs Bourgeois, & les nôtres en ufent ainfi par le miniftére des
Maires & Échevins.

11   On ne pouvoit élire pour Magiftrats municipaux
que des gens faifant profeffion de la Religion Catholi-
que, dès qu'elle fut établie dans l'Empire Romain; (6)
de même on ne peut recevoir dans les Villes & Villages aucun étranger pour y habiter qui ne foit muni de
certificat de bonnes vie & mœurs, qui ne foit né de
parens catholiques, ou qui defcende de noté d'infa-
mie. (7)

---

(4) Dunod, de la Mainmorte,   (6) *Leg.* 17. *Cod. de Epifc.*
pag. 2.   *audientia.*

(5) Coût. de Befançon, *tit I,*   (7) Anc. Ordon. *part. IV,*
art. I & II, tit. III, art. III.   *tit. I, art. I.*

Dès que l'on étoit une fois Citoyen d'une Ville municipale, on ne perdoit point cette qualité en allant demeurer ailleurs. (8) De même les descendans d'un ancien Bourgeois jouissent de cette qualité en revenant dans le lieu de son origine. 12

On étoit tenu de contribuer aux charges de la Ville dont on se prétendoit, (9) & c'étoit une marque à laquelle on reconnoissoit les Bourgeois. Cette loi est trop équitable pour ne pas subsister encore. 13

Les Villes avoient toutes leurs intérêts particuliers, & l'on ne pouvoit appliquer à l'une ce qui appartenoit à l'autre; il n'y a pas le moindre Village qui ne soit sous le bénéfice de cette régle. 14

A cette occasion il convient de remarquer sur le territoire des Villes, c'est-à-dire, sur ce qui est en commun pour le bois & pour les pâturages, qu'on doit distinguer les Villes libres d'origine avec les Villes affranchies; dans celles-ci ! territoire vient de la concession des Seigneurs, de même que la Justice & les priviléges : c'est ce que l'on voit dans la plûpart des Chartes communes. (10) Ces biens donnés ainsi anciennement aux Villes, ne peuvent plus leur être ôtés, pas même en partie, ce qui arriveroit par la multiplication des associés; c'est pourquoi les Seigneurs ne peuvent accorder droit de Bourgeoisie dans les Villes de commune, car on peut appliquer pour le territoire les principes que Loyseau donne pour les Justices. *En France, dit-il, où les Rois ont aliéné partie des Justices primitives, ils ne peuvent par puissance réglée (car je ne parle pas de l'absolue) entreprendre sur la Justice d'autrui.* (11) 15 16

---

(8) *Leg. 1 & 4, cod. de municipis & origin.*

(9) *Ejus patriæ oneribus respondere debes cui te attributum esse commemoras.*

(10) Chopin, *de domanio, lib.* 3, *tit.* 19.

(11) Des Seigneuries, *chap.* 14 *n.* 23. Pontanus *in Conf. Blef. tit.* 3, *pag.* 127, & *ibid.* 8, 11.

17 Quant aux Villes qui n'ont jamais été fous le joug de la fervitude, les biens communs ne viennent que de l'ancienne réunion ou affociation des hommes libres, & de l'appropriation des terreins de convenance.

18 Le nom de Bourgeois, fuivant M. Dunod dans fon Traité de la Mainmorte, (12) venant, comme celui de Bourguignon, de l'habitation dans les Bourgs, il défigne une condition libre, telle que celle des Bourguignons qui ont peuplé la plûpart des Bourgs de la Province, dont les habitans n'étoient pas deftinés à la culture de la terre qu'on laiffoit aux mainmortables. Or comme la fervitude ne fe préfume

19 point toutes les fois qu'il ne paroîtra pas de trace de mainmorte dans une Ville ni de conceffion de Communes, on peut avec affurance attribuer la Bourgeoifie & fon territoire à l'affociation de ces hommes libres, à la première occupation des terres & aux anciens partages, comme l'on l'établira en particulier pour Pontarlier.

20 L'occupation d'un terrein fans maître eft du droit de la nature & des gens, la loi civile y a maintenu ceux qu'elle a trouvés en poffeffion ; ainfi ce n'eft qu'à ceux qui repréfentent les premiers occupans, d'accorder à des étrangers une participation de ces biens communs qui leur appartiennent, puifque par la nouvelle affociation ils en alienent une partie au profit de celui qui eft affocié.

21 C'eft de cette ancienne affociation que dérive le droit d'élire les Magiftrats municipaux ; ufage conforme aux mœurs des peuples du Nord qui dans leur gouvernement purement militaire fe choififfoient leurs Chefs, & aux mœurs des Romains qui en ufoient de même dans leur République.

---

pag. 141. Cancerius, var. ref. | (12) pag. 3.
pag. 159.

C'eft.

C'eſt peut-être encore de cette aſſociation des hommes libres égaux aux Seigneurs, aux richeſſes près, qu'eſt venu le droit de chaſſe des Bourgeois de Pontarlier & de quelques autres Villes de la Province, à l'exemple deſquelles on aura étendu le privilége à d'autres qui n'avoient pas cette franchiſe originaire ; & l'on eſt d'autant plus fondé à le croire, qu'on ne connoît pas les conceſſions, mais ſeulement une confirmation de 1599, donnée par Albert & Iſabelle, qui laiſſe en doute ſi le privilége venoit de la poſſeſſion ou de la conceſſion.

Dans les Villes qui ont été affranchies, le territoire vient de la conceſſion des Seigneurs, ainſi que la Juſtice & les priviléges ; c'eſt ce que l'on voit par l'extrait de la plûpart des Chartres communes dans Chopin. *

Au ſurplus il eſt peu de Villes d'ancienne franchiſe qui n'ayent ajoûté à leurs libertés primitives des priviléges, & qui par ce moyen ne ſe trouvent confondues avec les Villes affranchies ayant Communes, à-peu-près comme les Municipales furent confondues avec les Colonies, ce qui n'empêche pas qu'il ne faille recourir à la diſtinction quand il s'agit d'expliquer le Droit ancien.

22

23

De Domanio, lib. 3, tit. 19. Ducange, verbo COMMUNE.

CHAPITRE VIII.

Notice des Connétables, Gardiens, Baillifs, Sénéchaux & autres Officiers qui ont administré la Justice dans le Comté de Bourgogne au Bailliage d'Aval & au Siége de Pontarlier.

J'AVOIS déja corrigé & augmenté la notice de Gollut, à l'aide des notes qu'il avoit faites lui-même sur un exemplaire de ses Mémoires, des Ouvrages de M. Dunod & de plusieurs volumes manuscrits, où M. l'Abbé Guillaume a recueilli les Chartres des Abbayes & les titres les plus anciens de la Province avec des notes immenses sur la Noblesse du Pays, lorsque M. Chevalier m'a fait l'honneur de m'écrire que le Duc Philippe-le-Bon ayant fixé en 1444 les Baillifs & leurs Lieutenans généraux en la Ville de Poligny, que plusieurs en étant originaires, & les autres y ayant presque toujours demeuré, c'étoit une raison pour inférer leurs noms à la suite de l'Histoire de cette Ville; mais en attendant que son Ouvrage paroisse, je donnerai toujours ce que j'ai pu recueillir sur ce point, si intimément lié à l'histoire de l'établissement des Bailliages. Les corrections & augmentations de l'ancienne liste de Gollut sont marquées d'une étoile.

XII SIÉCLE.

CONNÉTABLES.

* Guy DE TRAVES.
1123 43 * Renaud DE TRAVES, fils. } *M. Guillaume*
* Hugues DE TRAMELAY. }

XIII SIÉCLE.

CONNÉTABLES.

1213 Girard.
1222 Richard DE VAUQUAIRE. } *Gollut.*
 * Étevenin, beau-pere de
1249 64 * Girard DE NEUFCHATEL. } *M. Guillaume.*
1269 Jean D'ARC.

MARÉCHAUX

1204 * Guillaume DE BESANÇON. *id.*
1246 Forcon DE BEAUJEU. *Gollut.*
97 1302 * Liebaud DE BAUFFREMONT. *Dunod.*

GOUVERNEUR GÉNÉRAL.

1295 Hugues DE BOURGOGNE. *Gollut.*

GARDIENS.

1241 * Eudes Duc DE BOURGOGNE. *Perard, p. 449.*
 * Robert DE CHATILLON.
 * Huë DE CAMBARON. } *Guillaume.*

SÉNÉCHAUX.

1276 à 82 Jean DE RANS, vend fon Office à } Chambre
1282 à 84 Foulques DE RIGNEY. } des Comptes.

NOTA. C'eſt par erreur que Gollut avoit mis ici trois Seigneurs de Vergy ; ils étoient Sénéchaux du Duché.

BAILLIFS GÉNÉRAUX.

1231 40 * Hugues DE SAULIEU, de } *Perard.*
 Champlite. }

1265 Hue DE POLIGNY.   *Gollut.*
1276 * Fromond DE MONTFERRAND.   } *M. Chevalier*
aux jours [...] à Pontarlier devant   > *Tit. de la Ch.*
    le Comte de Bourgogne.   } *des Comptes.*
1280 * Humbert D'ARBOIS.   *M. Guillaume.*
1287 * Humbert DUVERNOIS, dit d'Arbois, c'est ap-
    paremment le même que le précédent.
Huguenard DE GIVRY.   *Gollut.*

XIV SIÉCLE.

CONNÉTABLE.

* Robert DE CHATILLON au commencement du
    siécle.

GOUVERNEURS GÉNÉRAUX.

1305 Humbert DE ROUGEMONT.   *Gollut.*
1364 * Henri DE MONTBELIARD.   *Guillaume.*

GARDIENS.

1303 * Jean DE NEVY.
1306 * Henri DE MONTFAUCON.   } *M. Dunod.*
1306 Jean DE RAY.
1319 Miles DE NOYERES.   } *Gollut.*
1325 Arnoul DE NESMES.
1338 * Robert DE CHATILLON.
1341 * LE GALOIS.   } *M. Guillaume.*
1342 * Vautier DE VIENNE.   *Moreri.*
1349 * Thiebaud DE SCEY.   *Gollut.*
1350 * Geirard DE MONFAUCON.
1350 * Gauthier DE RAY.
    * Henri DE MONTBELIARD.   } *Chambre des*
1353 * Guy ou Guillaume D'AN-   } *Comptes*
  à   TEUILLE se qualifia quel- } *& Gollut.*
1357   quefois Baillif.

1361 * Henri DE VIENNE MIREBEL.
1364 * Henri DE MONTBELIARD.
1365   Thiebaud DE NEUFCHATEL.
1367   Thiebaud DE BLAMONT.
1368 74 Jean DE RAY.
1388   Jean DE VIENNE.

} *Chambre des Comptes & Gollut.*

SÉNÉCHAUX.

* Jean, fils de Foulques DE RIGNEY.

  * Hugues I, fils.

} *M. Dunod.*

1388   Hugues II fils, n'eut qu'une fille mariée à Antoine DE VERGY en 1388.

} *Gollut & Généalogies historiques,*

BAILLIFS DU COMTÉ.

1304   Jacques D'ARBOIS.
1305   Pierre D'ORCHAMPS.

} *Gollut.*

1315 * ARDITIUS Clerc.

Le Normant.

1327   Alimphe DE NOYS.
1335   N... DE CHATILLON, Vicomte de Fere, c'est apparemment Robert, rapporté parmi les Gardiens & Connétables.
1336   Guy DE VILLEFRANCON.
1340 41 Guy DE VY.
1343   Hugues DE UELLEFROY ou VELLEFRÉ.
1345 * Guillaume DE VIENNE.
1347 * Forques DE VALLEROY.
1350 * Huguenin DE SAVIGNEY.
1353 * Jean DE MONTAGU.
1357   Jean DE CHISSEY.
1359   Othon DE BEAUMONT.
1359   Jean DE MONTMARTIN.

} *A la Chambre des Comptes & dans Gollut.*

1360   Jacques DE VELLEFAUX.   *M. Guillaume.*
1360 63 Jean DE CUSANCE.
1363   Enard DE RAINCHEVALD.
1363   Gerard DE MONTFAUCON.
1364 * Forquet DE VELLEFREY.
136466* Jean DE MONTMARTIN.
1367 * Guillaume DE VIENNE-AN-
        TIGNY.
1368 * Olivier DE JUSSEY.
1370 * Guillaume DE MONT-SAINT-
        LEGER.

Tit. de la Ch. des Comptes & Gollut.

1371 * Jacques DE VELLEFAUX.   *M. Dunod.*
1372 * Guillaume, bâtard DE POI-
        TIERS.
1375   Jacques PARIS DE LA GAIS-
        SE.
1380 à 1390 * Jean DE VILLE-SUR-ARC.
        Eudes DE QUINGEY.

Tit. de la Ch. des Comptes & Gollut.

BAILLIFS D'AVAL.

1347   Henri de VALLES.
1357   Jean DE CHISSEY.   *Gollut.*
136971 Guy DE CICON.   *Chambre des Comptes.*
1389   Guillaume LE NOBLE.   *Gollut.*

Nota. Gollut ayant déja mis Jean de Chissey au
nombre des Baillifs généraux en 1357, il y a apparence que dès-lors les Baillifs du Comté étoient déja
députés à certaine partie de la Province, aussi en
a-t'on vu ensuite plusieurs dans la même année
1397. Bon GUICHARD de Poligny, Clerc licencié
en Loix, pour quoi Gollut le dit homme de robe
longue, publie aux assises de Poligny le testament
de Jean Guignet de la Saule, Damoiseau de Pontarlier. Il vivoit encore en 1412, & fut exécuteur
du testament d'Alix Devillars; mais il n'étoit plus
Baillif d'Aval. *Titre du Chapitre Métropolitain.*

XV SIÉCLE

BAILLIFS D'AVAL.

Jean DE CHAMPSD'YVERS tient les affifes à Pontarlier en 1404. Il étoit encore Baillif en 1415. *Gollut.*

Guillaume DE CHAMPSDYVERS l'étoit en 1418 & 1431. *M. Chevalier.*

Guy ARMENIE en 1421.

Etienne ARMENIE.

Guyot DE CHAMPSDYVERS.

Dunod, Nobil. p. 243 & 250. Gollut, notes.

Henry Vallée DE FONTENOY, Chevalier, Confeiller-Chambellan de Son Alteffe, tient les affifes à Pontarlier en 1444. Il a été Baillif de 1423 à 1452. *Nobil de M. Dunod. Titres des Augustins.*

Henry DE VAILLE, Seigneur de Velle en 1445. Il y a apparence que c'eft le même que le précédent. *Gollut.*

Guillaume DE VAUDREY, Seigneur de Courlaou, Confeiller-Chambellan de Son Alteffe, tient les affifes à Pontarlier en 1454. *Différens titres.*

Henry DE CICON, Chevalier, Seigneur de Rançonnieres, Confeiller - Chambellan de Son Alteffe en 1458. *M. Guillaume.*

Guy d'USIE, Seigneur de Vaudrey, 1469 70. *Gollut.*

XVI SIÉCLE.

Louis DE VADDREY, Capitaine des Gardes de l'Empereur & des Archers de Philippe-le-Beau Roi de Caftille, Capitaine du Château de Joux, tient les affifes à Pontarlier en 1510. *Titres de St. Benigne.*

Maximilien DE VAUDREY, fils du précédent, Baillif en 1516 (*Gollut*) Capitaine du Château de Joux en 1540.

Claude, Baron DE RAY, mari d'Anne de Vaudrey, Baillif en 1530. *Gollut.*

Jean DE POUPET, Gentilhomme de la Chambre de l'Empereur en 1546 & 1565. *Gollut.*

Claude DE BAUFFREMONT, Chevalier d'Alcantara, Seigneur de Clerval 1586. *Gollut.*

C'est en cette année qu'on défendit aux Baillifs de juger fans leurs Lieutenans, auxquels ils abandonnerent entièrement l'exercice de la Justice.

Lieutenans Généraux des Baillifs d'Aval, siégeans par tout le Ressort.

Jean Mellet DE FRONTENAY, Écuyer, *Gouverneur & Garde du Bailliage d'Aval*, continué le 6 avril 1669 par Jean de Ray Gardien. Je l'eusse placé parmi les Baillifs d'Aval, si je n'y eusse déjà pas trouvé à cette date Guy de Cicon. *Ch. des Comptes.*

Bon GUICHARD, licencié en Loix, annulle aux assises de Pontarlier les Lettres de Bourgeoisie de Morteau en 1389. V. *aux preuves.*

XIV SIÉCLE.

Jean DE MARTIGNY, Conseiller, & Maître des Requêtes de Son Altesse, tient les assises à Pontarlier en 1426. *Tit. des Augustins.*

Etevenin DE FALTANS, Ecuyer, aux assises de Pontarlier en 1434. *Ibid.*

Henry BOUCHET, Conseiller de Guillaume de Vienne & son Baillif à Joux en 1449, Maître des Requêtes du Duc de Bourgogne en 1454, & Lieutenant général du Baillif d'Aval, tient les assises à Joux, Montbenoit & Pontarlier en 1454 & 1459, rédige le Coûtumier du Val du Sauget en 1458.

Girard DE CIZE, Licencié en Loix, Bachelier en decret, tient les assises de Pontarlier en 1457, 1467 & 1472. *Différens Titres.*

Etienne MOINE les tint en 1489. *Titres des Augustins.*

Louis DE CIZE les tint à Pontarlier & à Montbenoit en 1497, 1505, 1516 & 1520. *Différens Titres.*

Pierre DUTARTRE, Ecuyer, collationne en 1549
aux affises de Poligny un titre pour les habitans de
Pontarlier. Il avoit tenu les affises de cette dernière
Ville en 1547. *Différens Titres.*

François DUTARTRE, Ecuyer, aux affises de
Pontarlier en 1555. *Tit. des Augustins.*

Noble Claude BOCQUET, trisayeul de M. le Prési-
dent de Courbouzon, Lieutenant général du Baillif
d'Aval au siége de Montmorot, décide provision-
nellement de la préséance du Maire d'Arbois sur
celui de Poligny aux États de Dole, en 1585. Je
crois devoir le ranger encore dans la liste des Lieutenans généraux pour tout le ressort d'Aval, parce
que Montmorot étant alors regardé comme le siége
principal, & que les Lieutenans Généraux n'ayant
été vraiment rendus sédentaires qu'en 1586, ils dé-
cidoient auparavant dans tout le ressort. D'ailleurs
M. Bocquet a succédé à M. Dutartre, qui, comme
on l'a vu, a tenu les affises à Pontarlier.

Lieutenans locaux à Pontarlier.

Catherin BOUCHET, Ecuyer en
1458.
Poncet BROCARD, 1502 & 1505. } *Différens Titres.*
Jean Fevre DE LA RIVIERE, 1521.
Henry COLIN Seigneur d'Arçon-Chaffois en 1543; 45.

Lieutenans Généraux fixés à Pontarlier.

Jerôme COLIN. J'ai vu de ses sentences depuis
1568 à 1585. Il a été reçu Conseiller au Parlement
de Dole le 7 janvier 1587. C'est lui qui a formé la
Confrérie de Saint Yves à Pontarlier, & en a
fait les fonds avec Jacques Franchet, Avocat fiscal,

Hugues Colin Procureur fiical, Claude Belot, Mercurin Colin, Antoine Barillet, Docteurs plaidans, & dix-fept Procureurs, au moyen d'une petite retenue fur les émolumens de la Juftice. La délibération à ce fujet eft du 6 Juillet 1576. *Titres de St. Yves.*

Etienne COUTHENET de 1590 à 1630.

Jean BOLE 1637.

Jean MIGET.   } *Commis à temps.*

Claude-Etienne fils de François BIGEOT, Avocat Général au Parlement, occupoit le fiége de Pontarlier avant 1646.

Il n'y a au Greffe, des Regiftres que depuis cette date, & encore les premiers ne font-ils pas bien en régle ; c'eft ce qui m'a empêché de découvrir au jufte quand M. Bigeot quitta Pontarlier pour paffer en Flandres, où il eft mort en 1675. *

Jean JOURNOT, commis pour l'abfence de M. Bigeot jufqu'en 1666.

Denis MIGET fiégeoit en 1667 & 1671.

Noble Pierre-Jofeph MAILLOT en 1679 & 80. On m'a affuré que Jean-Claude-François Maillot fon pere l'avoit précédé, mais je n'en ai pu trouver d'acte au Greffe qui le prouve.

Noël CARON après avoir été longtemps dans les troupes vint remplir la place de Lieutenant Général en 1681.

Mathieu BOISSARD lui fuccéda en 1702 & mourut en 1724.

Jean - Antoine BOISSARD, fils du précédent, fut pourvu avec difpenfe d'âge en 1728, maintenant honoraire.

Claude-François Bathilde MAIRE, envoyé en poffeffion en juin 1751, avec difpenfe d'âge pour préfider.

---

* Dunod, Hift. du Comté, tom. 3, pag. 673.

CHAPITRE IX.

Piéces curieuſes ſervant de preuve aux Chapitres précédens, & d'éclairciſſement ſur l'ancienne adminiſtration de la Juſtice au Comté
de Bourgogne.

Extrait d'une Déclaration de 1257, tirée des
archives de la Maiſon de Châlon ſur l'uſage de
décider les conteſtations par le duel.

PIERRE Chevalier de Roulans a dit que li homs
Mgr. Girard de la Tour de Beſançon ſe clama à
Mons Viont, Seigneur de Roulans, d'un home Mons
Perron de Roulans de debte qu'il lui devoit, tant
que *bataille en fut ferme* de part & d'autre, & furent en champ à tant que li homs Mgr. Girard fut
convaincu de cette choſe, & en oſt le Sire de Roulans l'adroit & l'amende.

Et li devant dit Pierre de Roulans & Othe de Lace,
Chevaliers Othe de Vaites & Guy de Roulans Chevaliers, ont dit que la coſte d'Aigremont eſt de Roulans juſqu'au chaſte & y ont cil de Roulans leur
uſaire, ne point n'y ont de ban ni de droit cil d'Aigremont, &ç. & li devant dit Pierre dit qu'il *eſt*
guerre ou Seigneur de Roulans d'ou devis de Roulans & d'Aigremont, à la fin remeſtrent cil de Roulans de Pirlante cil de Lace par lou droit & raiſon,
&c.

2 Déclaration des droits du Sénéchal du Comté
de Bourgogne, tirée de la Chambre des
Comptes, communiquée par M. l'Abbé Guillaume.

Juillet 1282

Nous Othes Cuens Palatin de Bourgogne & Sire
de Salins, sçavoir faisons que comme notre
amé & féaul *Messire Forque de Rigney aye acheté de
Jean de Rans, Damoisel par notre volonté la Sénefchauffée du Comté de Bourgogne : Nous les droits des
ladite Sénefchauffée, voulons audit Forques de Celrier
& li voulons accroitre pour lui & fes hoirs permagna-
blement à toujours.*

3 Premièrement, li déclarons & accroissons *son droit
de fes Robes,* lefquelles nous lui donnons par raison
de ladite Sénefchauffée en celle manière que nous
voulons qu'il ait pour lefdites Robes 60 livres du
Comté, pour lefquelles nous li donnons, octroyons
& affignons à toujours mais, pour lui & pour fes
hoirs en héritages permagnables les fourgs de la
Ville de Gray notre Châtel, & toutes les iffues defd.
fourgs, fans rien retenir pour tote leur volonté faire
& prémettre tel Fournier comme leur plairait; &
puet, & doit ledit Forques & fes hoirs ou leur
commandement faire chauffer & affuyer lefdits fourgs
de nos bois de Gray, ou de volonté toute meniere
de bois fera commode de nous ne d'autrui, & voulons & commandons que nos Bourgeois de ladite
Ville notre Chaftel de Gray ne puissent, ne doivent cuir leurs pâtes ne leurs pains fuers du corp de
la Ville de Gray notre Châtel, ne à autre fourgs for que
ès fourgs audit Forque & au fes hoirs, & ne poons ne
nous ne d'autres faire fourgs en lad. Ville de Gray

notre Châtel, ne ès fynages & appartenances doud.
leu, mais que loud. Fourque & fes hoirs que Sénefchal feronts.

Aprés nos déclarons & accroiffons aud. Fourque 4
& à fes hoirs, qui Sénefchal feront, *lou droit de lad.*
Sénefchauffée de ceux qu'il doit avoir ès fêtes années en
telle manière que loud. Fourque, fes hoirs doivent a
voir, ès quatre fêtes années à chacune fête *la première*
écuelle d'argent qui fera mife au mangier devant
nos & devant les Comtes de Bourgogne, qui après
nous feront; lefquelles efcuelles nous li taxons chacune à 10 liv. de Bourgogne, ce font 40 liv. de
Bourg. que lui doivent valoir chacun an tenant
fête ou non ou li Comtes de B. qui après nous feront, foit-il préfent le corps dud. Meffire Forque
ou non ou li corps de fes hoirs, qui Sénefchal feront; lefquelles 40 liv. de . . . nous li affignons en notre
bourfe ou en la bourfe des Comtes de Bourgogne qui
après nous feront, leur devons payer ou faire payer
ès quatre fêtes chacun an; à fçavoir à la Touffaints
10 liv. à la Nativité 10 liv. à Pâques 10 liv. à la
Pentecôte 10 liv. Après à celles fêtes années auront
& doivent avoir led. Forque & fes hoirs tous le
cuirs o toutes les peaux de bête qui feront dépendues en notre Hôtel ou l'Hôtel des Comtes de
Bourgogne, qui après nous feront, foit données
ou achettées, ou préfentées. Après à celles fêtes,
années de toutes les livraifons d'avoine qui feront
livrées, fitôt que comme le livreur fera ou toichera
au fort dou grenier ou délaiffement où la graine fera,
qui fera livrée li remanfure doit être audit Forque
& à fes hoirs. Après de tous li vaiffeaux de vin qui
feront perciés ou brochiés à celles dites fêtes en notre Hôtel ou à l'Hôtel efd. Comtes de Bourgogne
qui après nous feront, fi lefd. vaiffeaux font demi
vuit au départ de la fête, ou plus tous li remanens
doit être aud. Fourque & à fes hoirs, qui Sénefchaux
feront.

5 Après nous déclarons & accroiſſons aud. Fourqué *lou droit de la Séneſchauſſée ſur les Juis* de notre terre, en telle manière que toutes les fois que nous ou li Comtes de Bourgogne nous voudrions aider deſd. Juis ou pranre ſur leurs perſonnes ou . . . . . que cen ſoit que nous ou li Comtes de Bourgogne preniens raimbiens ou arrhés deſd. Juis outre leurs cens, li Fourques ou les hoirs qui Séneſchaux feront, doivent avoir le dernier de ceux que nos ou li Comtes de Bourgogne haurions, prenrions deſdits Juis.

6 Après nous déclarons & accroiſſons aud. Fourque & à ſes hoirs *le droit de Séneſchauſſée* en telle manière que *toutes les fois qu'ils feront avec nos, les Comtes de Bourgogne*, qu'ils doivent prendre & avoir & nos devons payer ou faire payer 20 *ſols tournois pour lors gages d'un chacun jour*, & doit être led. Fourque ou ſes hoirs qui Séneſchaux feront, le tier de notre Conſeil ou d'ou Conſeil és Comtes de Bourgogne, qui après nous feront, c'eſt-à-dire, quand nos ou li Comtes de Bourgogne, appellons ou appellerons à notre Conſeil, ſoit Chevaliers, Ecuyers, Prêtres, Clercs, Sergens ou Bourgeois, ou autre quel qu'il ſoit, ledit Fourque ou li dis hoirs qui Séneſchal feront, doit être le tier d'ou Conſeil & doit aller & venir audit Conſeil ſans appeller.

7 Après s'enſuit, étoit que aucun de notre maigné ou des maigniers des Comtes de Bourgogne, qui après nous feront, meſuit ou fait fourfait ou choſe pourquoi il fut fuer l'hôtel geté, led. Fourque ou ſes hoirs qui Séneſchaux feront, le puit ſe il veut le rapaler & retaublir ariez à l'hôtel juſqu'à trois fois, jecil que ſuer ſervi getier n'avoit meſait crime de corps.

8 Après li déclarons *ſon droit de oſte & de chevauchée*, qui de par nous ou par les Comtes de Bourgogne ſera mandé, lequel droit eſt que tuis les cuirs

& toutes les piaux des bêtes qui feront dépendues en notre Hôtel ou en l'Hôtel des Comtes de Bourgogne, qui après nous feront & doivent être aud. Fourque & à fes hoirs, qui Sénefchaux feront, & au départ des ofts & chevauchées tui li aiféments de la cuifine feront & doivent être leur.

Après *le droit de la Sénefchauffée eft celx que le champ de bataille eft fert au Comte de Bourgogne*, pardevant nos ou pardevant les Comtes qui après nous feront, ou pardevant nos commandemens, que led. Fourque ou fes hoirs, qui Sénéchaux feront, puiffent & doivent fe ils veulent *ôter les champions d'ou champ de bataille*, & refpicur lou champ ainfi comme Sire peut ou doit faire, & ajourner les champions & les peices à la .... & les armures & li cheval ès champions qu'ils ont ou auront au champ de bataille, foit fait li champ ou la bataille ou ne foit fait, feront & doivent être aud. Fourque & à fes hoirs, qui Sénefchaux feront. **9**

Après donnons & octroyons audit Fourque ou à fes hoirs, qui Sénefchaux feront, que quand ils iront par lou Comté de Bourgogne, fe ils trouvent Baillifs, Châtelains, Prévôt, Majours, Sergent ou autres qui ait forfait ou méfait, ne homme pris ne arrêté, qu'ils aient pouvoir de la drecier & amander enzine comme Sire peut & doit faire, & celui qui pris feroit, faire délivrer & jetter fors de la prifon. **10**

Donnons & octroyons aud. Fourque & à fes hoirs que Sénefchaux feront, tel droit & en telle raifon comme Sénefchal doit avoir ès foz livres ès ofts & ès chevauchées, c'eft à fçavoir de chacune livre fix deniers, & plus fi plus doit y avoir ou fe plus s'y affiert.

De toutes les autres chofes & de tous les autres droits que a lad. Sénéchauffée affierent & appendent ou devront appartenir, qui ne font en cette lettre devifie ce qu'ils pourront montrer ou faire fçavoir

de leurs droits & de leurs raiſons, ils en doivent
jouir & exploiter tout entièrement.

De toutes ces choſes diviſiées & écrites promettons par notre foy, &c. garantir, défendre en tous
lieux, toutes Cours, & contre toutes gens, &c. avons
priés & requis Frere Jean Abbé de S. Vincent,
& Frere Jean Abbé de S. Paul de Beſançon, que
mettent leurs ſceaux.enſemble le nôtre, &c. Ce fut fait
l'an de l'Incarnation de Notre-Seigneur, que cor-
roit par M. CC. octante-quatre du mois de juignet.

---

11 *Franchiſes de Montmorot du mois de décembre
1287, communiquées par M. le Préſident de Courbouzon.*

NOus Philippe de Vianne, Sire de Pagney &
de Montmorot; ſçavoir faiſons à tous ceux qui
verront & orront ces préſentes Lettres, que com-
mes nos hommes & Bourgeois de Montmorot nous
ayant prié & requis que nous leur confermeſſions
par Lettres telles franchiſes, comme ils & leurs autres antéceſſeurs ont eu & uſé, à tems le Comte
Henry de Vianne & le Comte Guillaume de Vianne
nos dévanciers, Seigneurs cci-arrieres de Montmorot, & en ladite franchiſe les mainteneſſens, con-
fermeſſens & faſſens confermer & maintenir à nos
hoirs. Nous, quant à ce peut, veu & connu le grand
prouffit de nous & des notres préſent & à venir.
Nous, lad. franchiſe, certains par le témoignage de
pluſieurs anciens dignes de foy eſd. nos hommes &
nos Bourgeois de Montmorot, confermons lad. franchiſe, laquelle eſt tex.

Priviléges

Priviléges des Bourgeois

C'eſt à ſçavoir que li dit homme & li dit Bourgeois de Montmoret habitans & à habiter, ou ayant aud. lieu de Montmoret autres choſes de quoi ils ſoient nommés Borjois, ils, leurs biens & leurs choſes doivent être francs & quittes permaignablement de toute taille, de priſe, de guiſe, de charrois, de courvées & de aide, outre corporel de homme, de bœufs, de chevaux, de aſnes, & de toute autre exaction de ſervitude comment qu'elle ſoit nommée, ou de faire mal prêter, ou de donner meſſou à Prévôt dud. lue de Montmoret ou à aucun de la Maignie au Seigneur d'icelui.

Qui vieudra ou demourra aud. lieue de Montmoret, gardé doit être de toute violence, quelques perſonnes que ce ſoit, ſe il n'étoit meurtrier pris, ou ſe il n'eût fait méfait en lad. franchiſe duquel il ſoit rébelle ou négligera de faire droit à ſon pouvoir aud. lieu de Montmoret.

Et ſi encore retraſoit aud. leu quelques perſonnes ce ſoit pour aucun méfait quel qu'il fût, excepté ſeulement le meurtrier preuvé, & il ne voulût ou ne pût faire droit aud. leu de Montmoret, il doit être conduit par leſd. Borjois à leur pouvoir, ſauf & ſeguis par un jour & une nuit en yſſant fors de la franchiſe & du Châtel de Montmoret.

Quiconque aura retrait des biens aud. leu de Montmoret, ſoit dud. leu ou d'autre part, de quelque Seignorie que ce ſoit, par temps de paix ou de guerre, li Sire dud. leu de Montmoret ne peut, ne doit ne autre, pour lui ſaiſir, prendre, empêcher, encombrer, occuper ne arrêter leſd. choſes que ly Sire d'icelles choſes ne puiſſe faire ſa voulenté, & traire dud. leu de Montmoret pour porter ou mener là où mieux lui plairoit.

Item. Ly Sire dud. leu de Montmoret ne puet ne doit gaigier dans lad. franchife en lit, ne gaigier aucun des armours pour méfait qu'il faffe ne pour dette qu'il doige.

Item. Ly Sire dudit leu ne peut franchir aucun habitant aud. leu, ou dommege ou au préjudice du commun ou de aucun du commun des habitans aud. leu.

Item. Si aucun étranger avoit maifon ou autres biens meubles ou immeubles aud. leu de Montmoret ; li Sire pour accufation de guerre qu'il hauft vers le Seigneur d'icelui ne peut & ne doit prendre ne faire prendre ne empêcher fes biens ne fa perfonne.

Item. Chacun Borjois peut vendre franchement fon vin, fon bled & fes autres biens comme il voudra & tant comme il en pourra avoir, mais que le vin ne foit crié à taverne, & ayt juftemefure, à laquelle il aura commencé à vendre, & rien ne doit de ce au Seigneur ni à crieur.

Item. Par temps de vendange puet achetter quelconque veut, & raifins en gros & en menu dedans les termes de la franchife de Montmoret.

Item. Si aucun faifoit dommage ou injure à aucuns des Borjois, ou détenoit fon det outre la voleneté du recours, li Sire dudit leu le doit aidier & recouvrer fon det & à demander ledit dommaige, comme bon Sire.

Si aucun fe voudra départir du leu & veuille élire autre part fa maifon, li Sire ne autre ne le peut accufier ne pugnier que il ne s'en puiffe & doige partir quelque heure lui plaira comme franc

13. *De la Clôture & Garde du Bourg.*

Ly Borjois & ly hommes du leu ni ne doivent foignier au Seigneur dud. leu de Montmoret cloifon

de bois & réperment de foſſés dud. leu, ſeurs que ly
Sire leur doit ſoignier le bois pour faire la cloiſon
dud. leu; & ſe cloiſon de pierre y étoit à faire ou
refaire, cetit cloiſon doit li Sire faire à ſes coſtes
& à ſes miſſions, que il n'en puet rien demander eſd.
Borgeois, & autres corvées ne doient li Borjeois dud.
leu au Seigneur.

Item. Ly Sire dud. leu de Montmoret doit mettre
ou ſes commandemens oudit leu de Montmoret trois
guettes bonnes & ſuffiſans au proffit dudit leu ès
dépens de ces qui leſd. guettes doient payer.

Se cil ceu li échargaitié aura été commandé n'aura
échargaitié, il doit 3 ſols au Seigneur pour cette fois
qu'il défaut, & de ce doit être cru, cil qui l'a commandé par ſon ſerment.

La maiſon en laquelle li Moilliers ou la fille du
Seigneur de la maiſon gerra d'enfant tant qu'elle en-
fantereſſe aura oys meſſe ne doit gaitier ne échar-
gaiſſer ne aucuns la maiſon aller en oſt.

Li commanderes de l'échargaittes doit être établi
par le Seigneur ou par ſon commandement, & doit
jurer en la préſence des Borjois, que il faſſe ſeulement ſon office auſſi pour le Seigneur comme pour
les Borjois.

Item. Ly Sire dud. leu ne puet, ne doit, ne autre
pour lui recevoir ne prendre aucune ſuſpecte perſonne en l'uſaige de la Ville.

Du Service Militaire. 14

Item. Ly homme ou li Borjeois habitants aud. leu
de Montmoret ou que y habiteront, ſont tenus toutesfois qu'ils ſeroient requis de ſigre le Seigneur de
Montmoret ou ſon commandement à armes pour
deffendre ſa terre ou ſes fiez & riere fiez, c'eſt à
ſçavoir par un jour & une nuit à leurs dépens, &
dors hique en avant le doivent ſigre à dépens du Sei-

Seigneur, & fe li Sire dudit lue de Montmoret vouloit aidier à aucuns de fes amis ou de fes voifins de
chofe qui ne fût de fon droit lydits Borjois doivent
tigre led. Seigneur en la forme avant dite fe lefcors
étoit préfent, & fe il n'étoit préfent ils n'en font de
rien tenus.

Des dettes, gages & fûretés.

15

Item. Ly gaiges baillés du Seigneur dud. leu,
doient être gardés pour quarante jours, encore que
l'on les vende ; tels que autres gens bailleront
doient être gardés par fept jours feulement.

Item. Nul n'eft tenu ne penrre ne recevoir gaige
ou gaig.... du Seigneur dud. leu ne d'autrui fe il ne
vaut plus le tiers de ce pour que l'on le femont.

Item. Qui voudra donner fiance ou en layer fes
biens ne doit être pris fe il n'eft en cas pour lequel où
celui & en la voulenté du Seigneur.

Item. Se aucuns Borjois requiert à Seigneur ou à
fon commandement, neiz fans clameur que l'on lui
faffe rendre fon det, & li detturier ait confefféi celui pardevant le Seigneur ou pardevant fon commandement ly Sire fans déclaration doit faire gagiez
le detturier & faire rendre le det à tours & à pouvoir
du detturier.

Si aucun des Borgeois dud. leu auroit dénié à
fon Seigneur ou à fon commandement de fon det
connu il n'en doit rien au Seigneur, & fe il fe plaint
cil qu'il aura tort pnet rendre le det connu, & payera
3 fols à Seigneur pour le clain.

Item. Ly habitans aud. leu de Montmoret qui ont
leur poffeffion non mouvable en la Juftice dud. leu,
& querelle étoit mue contre leur, ils ne font tenus
donner fiance fe ils veulent enloyer leurfdites pof-
feffions, fe le méfait n'eft tel ou la querelle que l'a-
mende dût furmonter la quantité ou la valeur defd-

chofes non moüables, ou par lequel ils puiffent &
doient encheoir en la voulenté du Seigneur *ſal en*
toutes choſes, mariaige, doaile de femme & l'autruy
droit.

Item. Gaigeures ne doivent être pris pour plainte
devant Jugement felon ne la juge après loyale-
ment.

Item. Se aucuns gaigent aucuns defdits Borjois ou
prenoient leurs biens ou leurs perfonnes pour leurs
dettes au Seigneur dud. leu, ou pour fiance faite
d'icelui Seigneur, délivrer les doit li Sires & leurs
chofes, & garder en toutes manières de dom-
maiges, à ce doit être tenu li Sires dud. leu & fes
hoirs.

Des Succeſſions. 16

Item. A mort fans teftament forentroient ly parens
délivrement *ſal le droit des femmes & des anciens.*

Des Crimes & Délits. 17

Item. Ly larrons commun & notoire ou premier,
font à la voulenté du Seigneur, *ſal le doaile & ma-*
riaige de femme & l'autruy droit.

Item. Se aucun de la Cour ou de la Maignie du
Seigneur de Montmoret aura battu aucun dudit leu
ou fait injure, fe il fe plaint de ce li battus en doit
avoir droit per la court du Seigneur, auffi comme il
auroit d'un autre fi li Airiax ne le faifoit pas chaftoyer
ou pour office que il eût.

Item. N'eft tenu du méfait de fon fils ne de fa
maignie ou de autre fe il n'en eft perfonnier ou con-
feillable, ou fe il ne le fait par fon commandement,
ou fe il y a l'amoneftement du Seigneur n'aura voulu
laiffer fa maignie, ou fe il recepte fainchament cil
qui a fait méfait, a donc eft tenu.

. Se aucun refoune ou eft venue par barat & cla-

meur foit faite au Seigneur , & prouvée foit loyale-
ment , la peine fera en la miféricorde du Seigneur.

Item. Li enfant moindre de fept ans fe ils fe
combattent contre leur ou font fang , ils ne font tenus à aucune amende.

Item. Aucune défenfe faite de par le Seigneur
fans fon commandement ou fans fon meffaige ne
fait tort ; & fe aucun ait attempté aucune chofe
contre la défenfe faite de par le Seigneur ou de
par fon commandement , & il foit preuvé , de ce il
devra fept fols au Seigneur.

Se par l'autorité du Seigneur foit pris gaiges ou
par fon commandement , & l'en le refcoure on en
payera fept fols pour l'amende ; toutesfois fe autre
prend le gaige d'autruy , de fa propre autorité de
fon det connu , l'on ne le doit pas recouvrer , & fe
l'on le recourt avanture ly reconneytes eft tenu en
trois fols au Seigneur fe clamour eft fait de la re-
coufle , & doit payer le det connu & preuvé.

Item. Se aucuns ait empris ignoremment la terre
d'autruy affis de lez la foye fe ils laient à l'arbitraige
de certains manans ou vifins , il n'en eft tenu à nulle
autre amande fe clain n'eft fait de ce au Seigneur ou
à fon commandement , & fe clamour en étoit fait ,
le Seigneur en aura trois fols pour fa fervitude & non
plus.

Item. Qui vendra vin à fauffes mefures, doit 60 f.
au Seigneur pour l'amende.

Item. Ly Sires dud. leu de Montmoret ne puet ,
ne doit autre pour lui lever patretiere des vendours
du pain réfidant à Montmoret , fuert tant que quan-
tesfois lidis vendours amanderont le pain venal plus
que l'on devroit, felon le jugement de quatre prud'hommes Borjois dudit leu , le marchié du bled regardé ;
& toutesfois cil qui méfera , en ce fera puni à l'al
du Seigneur en trois fols d'amende , & doit être
donné ès poures le pain amandry qui fera faigné &
entamé.

Qui battra glennoiras ou refunateur ou fera fang
en gaitant fors de fa vigne , il n'en doit rien au Seigneur fe il ne le fait par malice que il eût premier
à lui.

Quiconque aura fait injure à aucun par fait ou
par parole de appeller pugnas & il foit preuvé légalement par deux témoins fouffifans pardevant le
Seigneur ou pardevant fon Prévôt, ly coupable payera
pour l'injure & la peine de pugnaifie fept fols, &
pour l'injure de fait, payera le coupable , c'eft à
fçavoir du cop de poing ,   3 fols.
  De la palme ,   3 fols.
  Du cop de pied ,   7 fols.
  Et fe l'injure eft faite de cop duquel fang iffe , &
il foit preuvé légalement pardevant le Seigneur ou
fon Prévôt par deux témoins fouffifans pour l'injure
de fang volaige iffant de pertuis , payera le coupable   7 fols.
  Et fe l'injure de fang foit faite par cuir, rot , &
il foit preuvé loyaiement par deux témoins fouffifans, en la forme devant dite , ly coupable paye
60 fols.

Et de toutes injures fatisfaction feroit premier ly
coupables à celui qui aura fouffert l'injure.

Des amendes en général. 18

Item. Nuls bannys de par le Seigneur de Montmoret ou aucune peines d'argent ne fe doit extendre
outre fept fols, feurs que ès cas exceptés en cette
Chartre le récédent n y avoit.

Des Coûtumes non comprifes en cette Charte. 19

Item. Ly Borjois dud. leu de Montmoret fe peuvent défendre & garder ès cas qui ne font exprès en
cette Chartre par les bons us & les bonnes Coûtumes

F iv

dudit leu, les meauvais ufaiges & les meauvaifes
Coûtumes & injuftes, arrière mifes en toutes manières & fors geittées & blamées du Seigneur & de fes
hoirs perdurablement.

Item. Se aucuns cas avenoit audit leu duquel mention ne fut faite en la préfente Charte, elle doit être
terminée felon les us & Coûtumes dudit leu ufées
cai-arrières.

20   *Serment de fidélité refpective.*

Item. Li Seigneurs qui en leur vivement font ou
feront Seigneurs dudit Montmoret, encore qu'ils
foient receus audit lue pour Seigneurs, font tenus
jurer enfemble trois Chevaliers jurant avec leur,
garder fermement les us & Coûtumes dudit leu de
Montmoret ; enfemble la franchife contenue en cette
Charte, & que ils ne viendront encontre ne confen-
tiront que autre y viengne.

Item. Tous les hommes de quinze ans, en fus en
la nouvelleté du Seigneur, comme ils en feront requis
d'icelui, jureront féalté que fachamment ne vendront
contre les droitures d'icelui.

Item. Les Sergens établis audit lue par le Seigneur
chacun an, comme ils font renouvellés ou mués,
doivent être & font tenus jurer en la préfence du
Seigneur & des Borjois, qu'ils garderont les bons us
& la franchife du lue & les droits du Seigneur loya-
lement.

21   *Du Confeil de la Commune.*

Item. Ly hommes de ladite franchife de Montmoret, pourront élire quatre Confeilliers & changier,
& jureront féalté au Seigneur que ils ne venront
contre fes droits, ne ly tendront fes clamours, ne ne
détourberont que faire ne foient,

Des Impôts.   22

Icel quatre feront le commun & leveront auffi de leur comme des autres pour la néceffité dudit leu de Montmoret appellé avec eux le commandement à Seigneur pour contraindre, & icel quatre doivent concorder de ce que levé auront devant les autres Borjois.

De l'étendue de la Franchife.   23

Li terme & li bans de ladite franchife font cils dois la Planche Marefchal tant qu'il a la terre à ces de Lantenne qui eft deffus le pont de pierre devant Montmoret, & doiz hique tant que à trou de fabiez ou quel li fontaine eft, & dois hique tant com li biez de la fontaine S. Martin emporté par toutes preles, & s'extent jufqu'à la vigne Richard fils Annoz de Montmoret, qui fut Etevenin Macon & doiz iqui tant qu'à la vigne, que fut Humbert de la Porte,

Item. Ly Borjois ou ly homme de la franchife, par ainfi comme ils ont ufé cai-arrières à faire le foin du prel Chardon qu'ils le faffent.

Fournitures & redevances au Seigneur.   24

Ly Sire ne autre pour lui ne peut, ne doit audit leu ne ès leux d'environ giffans, qui font de ladite franchife, prendre gelines, ne laine, ne foing, ne paille, ne autres chofes outre la voulenté du Seigneur d'iceles chofes, fal que fy ly Sire de Montmoret venoit ou fes gens oudit leu & ils euffent befoin ou néceffité de foing pour faire paître leurs chevaux, que ils ameneroient audit leu, le Sire dudit leu & fes gens ou fes maifgnies peuvent & doient prendre & avoir par vendition en leur néceffité, foing chiez les Bor-

jois dud. leu que foing auroient, pour paître leurs
chevaulx ; c'est à sçavoir chacun cheval entre un
jour & une nuit, pour quatre deniers de monnoye
courant communément aud. leu.

De rechief, nous led. Philippe Sire de Paigney &
dud. lue de Montmoret, loons & coufermons si
forment com nous poons plus toutes les choses des-
fus exprelées, contenues en lad. franchise & en cette
présente lettre sal ce que nous retenons à nous & à
nos successeurs permaignablement, que nou & nos
successeurs, Seigneurs de Montmoret, puissions &
doiglions percevoir & lever ou notre commandement, chacun an les censes & cha=es dudit lue de
Montmoret, esquels notre dévancier & nous-mêmes
avons accoûtumé lever & percevoir cay-arrières.

Et sal ce que par la voulenté desd. Borjeois, nous
retenons à nous & à nos successeurs permaignablement que se il avenoit nous ou ces qui par temps
feront Seigneurs de Montmoret, aller ou voyage
d'outre-mer, ou devenir Chevalier nouveau, ou ma-
rier l'aînée des filles du Seigneur dud. lue, ly hommes & ly Borjeois de celui doivent & font tenus
à nous donner aide & à nos successeurs partans
dud. lue de Montmoret de soixante livres monnoye
courante communément aud. lue pour chacun des
cas ci-dessus nommés, toutesfois que adviendroient.

25   *Promesses générales du Seigneur.*

Promettant ausd. Borjois de Montmoret, par
notre serment pure paix, aussi de leur personnes
comme de leurs choses, jurant sur les saints Evan-
giles, que par nous ne par autre capecion, arrê-
tement ou empêchement à c . . . de leurs personnes
ou de leurs choses, ne ferons, ne procurerons, ne
ferons meliant en aucunes choses contre eauf ; mais
en toutes manières que nous pourrons, détourberons

qu'il ne foit fait ; & fe par aventure avenoit nous
ou nos fuccefleurs liquelles chofes ne foient pas ja
trouvées ou anciens noviax us & Coftumes nouvelles contre lad. franchife , ou requerre ou obtenir
aucune courtoifie ou Seigneurie efd. Borjois , ja
ce que nous ou notre fuccefleurs en euffions ufé par
longtems plufieurs, a donc par notre force & par
notre puiflance, a donc par la non puiflance & foi-
bleffe defd. Borjois non allégans , non deffendans
leur franchife ; nous ne voulons que le tems quelque
long qu'il ait été, ou aucune prefcription, baille à
nous ou à nos fuccefleurs en cette partie, ne falfe tort
à lad. franchife.

Toutes ces chofes , par ainfi . com elles font contenues , divifées & écrites , nou promettons , &c.
commandons lad. franchife , &c être gardée & min-
tenue , &c. Monfire Hugues de Vianne , Chevalier,
fils dud. Philipe, nous confentons en tout à lad. franchife & ès autres chofes deflus expreflées , &c. Re-
nonceons par nofd. fermens, à exceptions deflous
écrites , c'eft à fçavoir de barat , de paour, de lézion,
de déception, & en fait efd. convenances , venue
faite en la forme avant dite , à tous aides de Droit
canon & de Loix, à droit qui dit que générale
renvoye ne vault, à tous ufaiges, Coftumes, raï-
fons , &c. Avons mis nos grands fceaux pendans en
cette Lettre &c. Prié & requis notre redouté Pere
en J. C. Monfeigneur Ode, par la grace de Dieu
Archevêque de Befançon , que fon grand fcel enfemble les notres mits en ces préfentes Lettres . foumettans nous & nos fuccefleurs, Seigneurs de Montmoret, à la Jurifdiction de fainte Églife, &c. pour
contraindre , quant à maintenir permaignablement
efdits Borjois lad. franchife , &c. & nous led. Ode, &c.

Ce fut fait & douné l'an de N. S. corrant par
mil CC. huitante-fept ou mois de décembre.

En comparant l'ancien tertier de Montmorot avec les franchifes qu'on vient de lire, on fent parfaitement la différence des Bourgeois du Bourg & de la Commune, avec ceux qui n'étoient que fous la commandife ou protection du Seigneur de Montmorot, qui n'avoient qu'une Bourg oifie de cire & d'avoine. Voici l'extrait du rentier.

26   Ce font cy après déclarés les Villages, hommes & habitans d'iceux, qui à la façon de ce préfent terrier (1456) ont été trouvés des *Commans & Bourgeois* de M. le Duc de Bourgogne, à caufe de fa Châtellenie de Montmorot, qui eft rente muable, croit & décroit.

COMMANS ET BOURGEOIS

Le Village de P U I S I A.

Jean Guillaume de Puyfia, *pour la Bourgeoifie*, cette préfente année une livre de cire.

C H A R C I E R.

Aymonet Moingenot pour femblablement *de la Bourgooifie*, 3 fols étevenans.

Le Village de C H A R E S I E R.

Etevenin Jacquot, pour *Commans & Bourgeoifie*, cette année 3 fols Etev. Bon Ganniot, *idem*.

M E S N A Y.

Vincent Charderon, *idem*. Parifot, *id*. Poncet *id*.

C R A N S O T.

Les Habitans dudit Village ont ci-devant reconnu *Bourgeoifie ancienne* de 12 quartaux d'avoine mefure de Montmorot.

Jacquot & Claude Bounart , *pour garde ancienne ,*
demi-quartaut d'avoine.

Pierre Geoffroy de Vaulx , *pour la Bourgeoifie ,*
aveine , demi-mefure. *Pour la garde ancienne.*

LA CHAPELLE VOLANT.

Le Camars Gellot , *pour fa Bourgeoifie* 3 fols étev.

COLOIGNIA.

Humbert Gentil , *idem.*   Pierre Verdet , *idem.*
Jean Clannel , *idem.*   Jean de Gineia , *idem.*

MONTAIGNEY-LÉS-RECONDUITS.
Le Merle , *idem.*

LAUBEPIN.

Thevenin Quantin demeurant à Laubepin , *pour*
fa Bourgeoifie , 3 fols étevenans.

CHILLEY.

Jean Magot , *idem.*

ÉCHELON , près de Moréal en Savoye (Bugey).

Compris dans la *Garde Bourgeoifie & Commans* de
mond. Seigneur fouloit payer 12 liv. de cire.

On trouve à la Chambre des Comptes de Dole **27**
différens actes relatifs à la Garde & Bourgeoifie. Il
y en a un de 1274, par lequel Othon IV reçoit les
Habitans de Cufeau en *fa garde* pour 150 ans ,
moyennant 60 liv. viennoifes. Il y en a un de 1293,
par lequel Dame Mahaut prit *en fa garde ,* pour 20
livres de cire les Habitans de Pretin ; on y trouve
la Bourgeoifie & Commanderie de Château-Châlon ,
à la date de 1375, celle de Morteau qu'on rapportera en entier & plufieurs autres.

28 FRANCHISES DU BOURG DE LA RIVIERE
du 15 juin 1349, tirées des archives de ce lieu.

Nos Joannes de Cabillone , Dominus de Arlato , notum facimus universis quòd noos de bonorum consilio avidenti , consideratâ nostrâ & totius terræ nostræ utilitate, constituimus & ordinamus libertatem , statum & conditionem Burgi de Riveria *& habitantium in eodem.*

Étendue du Bourg.

Sciendum est , quod termini seu limites dicti Burgi durant undique extra Burgum à dicto Burgo tantùm quantùm habet à fossatis dicti Burgi usque ad locum dictum. Le Tertre de Montgemenat.

29   Libertés & Priviléges du Bourg.

Volumus & constituimus, quòd homo qui in Burgo de Riveriâ mansionem elegerit sine calumniâ & reclamatione alterius Domini , per eres annos ibidem manserit pacificè ac quietè ; si quis post decursum dicti temporis veniens reclamaverit esse suum , non teneatur talis de suo corpore aut de rebus suis mobilibus alterius respondere.

Si quis à dicto Burgo recedere voluerit , cauâ alibi morandi se transferre , liberè potest hæc facere ; dicti verò Burgenses debent conducere si necesse fuerit per unum diem & noctem.

Etiam statutum est , si in Burgo decesserit homo , addito quod si hæres talium venerit , non erit Burgensis nisi velit.

Infrà limites dicti Burgi non debet aliquuis capi , si non sit latro, proditor vel homicida, vel de familia Domini , de quibus potest disponere Dominus pro libito voluntatis.

De la Police des chemins & communaux. 3⊕

*Castellanus dicti loci & Burgenses debent icere paf-
eua, Communitates atque vias & bannum trium folidorum ponere feverè & percipere de iis qui non ibunt.*

*Si quis in dictis pafcuis viis & Communitatibus ali-
quod fecerit vel ædificaverit poft viationem, pœnam
trium folidorum incurrit, nihilominus quodcumque ibi
factum fuerit funditus debet deftrui, nifi à Caftellane
& Burgenfibus fuerit alicui hoc permiffum.*

Du Marché. 31

*Forum eft in Burgo ftatutum femel in hebdomadâ,
videlicet die jovis, fecundùm confuetudines quas Burgenfes dicti Burgi antiquitùs habuerunt.*

Fractor fori fexaginta folidos Dominus debet.

*Si quis dictum forum fregerit aut violenter, debet
Dominus cum Burgenfibus injuriam perfequi, & emen-
dam tàm fibi quàm Burgenfibus faciendam.*

Aula fori & ejus redditus funt Domini

*Item, Burgenfes in dicto loco habitantes de ventis
nihil folvere tenentur.*

*Item, Qui fubfiftet ventas aut retinet, aut cum ipfis
recedit, fexaginta folidos Domino debet; fi verò die eadem folverit immunis erit ab emendâ.*

Item, ventæ funt Domini.

*Nullus in die fori debet extrà terminos dicti fori
vendere vel emere res aliundè venientes; nec per totum
diem fori aliquis debet aliquem infrà terminos dicti
Burgi vadiare; fi quis contra hoc fecerit tres folidos
debebit.*

Des Mefures. 32

*Item, Si Dominus volueris poteft fibi facere prefen-
tari omnes menfuras vini & bladi.*

Item, *Qui ad falsam mensuram vendit, debet sexaginta solidos.*

Item, *Qui duas mensuras habet unam magnam & aliam parvam, & probatus fuerit cum magna emere & cum parva vendere, in misericordiâ Domini manebit.*

Des Crimes.

40

Si quis inventus fuerit in mœchatione Braccis tract's, & probatum fuerit per duos testes qui non sint de familiâ Domini, debet sexaginta solidos.

Item, *Manifesti usurarii, quos Ecclesia ad sua non recipit Sacramenta, in misericordia Domini remanebunt.*

Item, *Qui percussit aliquem pugno vel palmâ maliciosè, si inde fuerit quærimonia, tres solidos debet Domino.*

Item. *Qui extrahit cultellum, ensem, lanceam vel gladium, causâ percutiendi aliquem, debet sexaginta solidos.*

Item, *Qui lapidem contra aliquem maliciosè jactaverit, & quod ictus appareat in terra vel in pariete, debet sexaginta solidos.*

Item, *Qui trahit aliquem maliciosè ambabus manibus per pilos, debet decem solidos.*

Item, *Qui sanguinem alicui maliciosè fecerit, itâ si sanguis fluens apparet, debet sexaginta solidos, excepto sanguine foraminis vel ulceris.*

Item, *Qui erumpit domum Burgensis aut intrat violenter, debet sexaginta solidos.*

Item. *In omnibus maleficiis debet fieri emenda competens passis injuriam arbitrio judicantis.*

Item, *Qui aliis injuriam fecerit de eadem facta quærimonia, nisi sit de grossis maleficiis, utpotè de furto vel homicidio, de rapina vel proditione, vel cum similibus, debet tres solidos Domino, prædicta verò maleficia & injuriæ provenientes ex eis secuudùm qualita-*

tem

tem & quantitatem maleficii emendandas Judicis arbitrio relinquatur.

De la Guerre.　　　　34

Si Dominus chevauceiam vel exercitum habuerit , Burgenses debent servire Domino cum armis per unam diem & noctem propriis expensis , ulterius autem cum expensis Domini.

Burgensis verò qui indicto banno Domini cum armis nt decet non erit , debet tres solidos, & qui ad retrobannum non erit, debet sexaginta solidos , nisi infirmitatem vel aliam legitimam causam pretendere voluerit & proponitur, ac probare debet; tamen Burgensis ad arbitrium Domini & Burgensium munitus remanere debet.

Dominus dicti loci debet clausuram murorum & fossatorum fermamentum reddere & manutenere dictum Burgum; tempore verò guerræ , seu justi timoris, Burgenses debent custodire & excubiare suum Burgum, & Dominus similiter suum castrum, ità tamen quòd pro excubatione seu custodiâ dicti Castri Bu genses aliquid nullatenùs solvere teneantur.

Des Impositions.　　　　35

Sciendum est autem quod Burgenses dicti loci & omnes in dicto loco habitantes, aut infra terminos libertatis, sunt immunes & liberti ab omni collecta, prisia . & ab omni annisia, exactione , & ab omni intacta consuetudine ; hoc tamen excepto quòd si Dominum contigerit filiam suam meritare, aut dotare, aut peregrinationem hierosolimitanam facere, vel terram pretii mille librarum emerit , dicti Burgenses debent dicto Domino subvenire ; & propter hoc quilibet Burgensis de omnibus mobilibus suis pro qualibet libra duodecim denarios pro Domini subventione solvet.

Des aliénations.　　　　36

Quidquid acquiret Burgensis dicti loci, aut habebit ,

*potest donare, vendere, permutare cum quo voluerit,
rebus illis duntaxat immobilibus exceptis, quas habebit
aut acquisierit infra limites dicti Burgi, de quibus immobilibus nihil potest dare, vendere seu alienare, nisi ho-
minibus dicti loci de Riveriâ, vel tali qui voluerit esse
Burgensis dicti Burgi.*

*Item. Si quis Burgensium domum suam vel ædificium
vendere voluerit, liberè potest Burgensibus jaudicti Burgi,
dummodò tamen hoc faciat de laude & consensu Domini,
qui pro consensu suo debet recipere ab emptore pro qualibet libra 12 den. vel si maluerit rem venditam, habere potest pro pretio inter emptorem vel venditorem convento.*

37   Des Successions.

*Si Burgensis moriatur sine herede & intestatus, Do-
minus debet res ejus reponere præsentes duos homines
probos Burgenses, & illa bona defuncti debent per annum
& diem fideliter custodiri ; quòd si infrà annum & diem
hæres legitimus voluerit bona defuncti, debet habere &
solvere defuncti debita, & ea quæ pro remedio animæ
suæ concessa fuerunt vel impensa ; si verò hæres legitimus non venerit infrà præfixum terminum. Dominus debet consilio Burgensium præsentari Ecclesiæ suæ elemo-
sinam facere competentem, & ea facere quæ faceret ve-
rus hæres ; si quid autem de residuo fuerit, illud resi-
duum Domino debet esse; item de mercatore peregrino
aut viatore hoc idem debet esse.*

38   Des dettes & des gages.

*Qui debitum creditori negaverit, probato debito tres
solidos debet.*

*Item, Dominus debet habere credentiam in dicto
Burgo per dies quadraginta ; & si pignus dederit non
facta credentiâ quod plus tertiæ partis valeat per annum
& diem, debet Domini pignus custodiri, ita tamen quòd*

hospes nihil ammittat ; si verò post credentiam dictorum dierum Dominus debitum non persolverit, potest creditor debitum petere ; & si pignus pro debito ei tradiderit , potest distrahere pro libito voluntatis, & hoc intelligitur tantùm pro debito facto propriis expensis Domini loco existenti.

Cùm verò Dominus ad locum prædictum declinaverit vel ipsius indiciis omnia sibi & suis necessaria debet emere nullâ violentiâ vel coactione Burgensibus vel ibidem habitantibus irrogata.

Si quis verò de Burgensibus captus fuerit vel arrestatus pro debito vel pro facto Domini , Dominus debet Burgensem petere & res ejus & personam cum expensis propriis liberare.

Castellanus & Familiares , Domini Præpositus, Bidelli non possunt emere vadia in foro dicti loci nec esse socii cum emptoribus dictorum vadiorum.

Item, Emptor vadii non potest habere socium in emendo, nisi vadium excedat valorem 20 librarum ; emptor verò qui socium habuerit in emptione vadii , debebit tres solidos Domino , & similiter quilibet sociorum.

Nec per totum diem fori aliquis debet aliquem infrà terminos dicti Burgi vadiare ; si quis contra hoc fecerit, tres solidos debebit.

Redevances & Bannalités.

39

Quilibet Tabernarius debet Domino unam cuppam vini in festo Beati Andreæ.

Bolancherius 12 den.

Sutor quosdam sotulares nec meliores nec pejores.

Quælibet domus cujuscumque sit, debet Domino pro censa tenita rapinali in latitudine domûs sex denarios Stephan. in festo Beati Andreæ persolvendos.

Burgenses debent deferre bladum suum ad molendinum Domini , & ibi expectare per unam noctem & diem, & si infrà dictum terminum non possunt incipere expedieri, possunt ex tunc suum bladum alibi deferre sine pœna; *qui autem contrà hoc fecerit, tres solidos debebit.*

Idem de furnis bannalibus dicti loci intelligitur de panibus dictorum Burgensium excoquendis, Burgenses debent reddere & solvere juxtà consuetudinem Burgi de Modon; debet furnerius ex una parte deferre pactam ad furnum & ad domum referre fideliter panem.

Item, Dominus debet habere bannum in dicto Burgo per mensem augusti, ità quòd nullus ex Burgensibus vel aliquis ut infrà in dicto Burgo, vel infrà terminos libertatis, vendere vinum audeat sine Domini voluntate & licentià; & qui contrà hoc fecerit, sexaginta solidos Domino debebit.

Hæc autem omnia promisimus & promittimus juramentum nostrum propter hoc ad sancta Dei Evangelia corporaliter tactum & præstitum pro nobis & pro successoribus nostris tenere firmiter, effectualiter & inviolabiliter observare & non contrà facere vel venire in toto vel in parte per nos vel per alium, vel alicui contravenire volenti consentire in futurum: in quorum præmissorum robur & testimonium nos Joannes de Cabillone, Dominus de Arelato supradictus, sigillum nostrum his præsentibus Litteris duximus apponendum. Dicta & darum quintà decimà mensis junii, anno Domini Mill. trecent. quadrag. septimo.

40   Les franchises données à Rochejean en 1313 par Jean de Châlon, ayeul de celui qui déclara celles de la Riviere en 1349, font les mêmes mot pour mot, à la réserve de l'étendue du Bourg, du Marché & de la bannalité du four qui devoient être réglées comme à Noseroy. Il y en a pour d'autres lieux du siécle précédent, qui sont sur le même modéle, ce qui fait voir l'attention des Princes de Châlon à n'introduire dans leurs différens Bourgs qu'une loi uniforme, & à mettre sur tout en vigueur les usages de Noseroy, qu'ils donnoient pour exemples.

Patentes de Gardien du Comté, tirées de la Chambre 41
des Comptes 1364.

MARGUERITE, fille du Roi de France, Comtesse de Flandres, d'Artois & de Bourgogne, Palatine & Dame de Salins : Faisons sçavoir à tous que comme Nous, en notre personne, ne puissions continuellement être en notredite Comté de Bourgogne, mais nous convienne transporter & demeurer en nos autres Terres & Pays pour les voir & visiter, & pour plusieurs autres causes, Nous, qui voulons pourvoir à bon gouvernement & tranquillité de notre Comté de Bourgogne, confiant du bon sens, leauté & diligence de notre amé & féaul cousin Messire Henry, Comte de Montbéliard, avons icelui fait, ordonné, établi ; faisons, ordonnons & établissons par ces Présentes Gouverneur & Gardien de notred. Comté de Bourgogne, fiefs, arrière-fiefs, ressorts & appartenances dud. Comté, tant qu'il nous plaira; & li avons donné & donnons licence, autorité & puissance de notredite Comté, nos droits & sujets garder, gouverner, maintenir & défendre pour Nous & en notre nom par toute manière qu'il ait lieu, & pourra & bon li semblera de tenir notre lieu, & de représenter notre personne, de faire raison & droiture entre nos sujets, de recevoir composition, de faire pardon & rémission en tous caux criminels & civils, de mettre en nos Châteaux & forteresses garnisons de gens & de vivre, & les ôter & changier toutes fois qu'il li plaira de changier. . . . . & mettre de nouvel Baillif, Châtelains, Capitaines, Receveurs & tous autres. . . . . d'office en notred. Comté jusqu'à notre volonté ; de faire mandement & assemblées de gens d'armes & de pied pour. . . . . aider & défendre nos droits & nos sujets, & de généralement faire toutes autres chofes qu'il verra être néceffaires pour notre honneur & profit, & pour le bien, garde & feulet, & gouvernement de notred. Comté, & que nous ferions fi nous étions préfentes en notre perfonne, excepté aliénation d'héritages & collations de Bénéfices; en témoin de ce nous avons fait mettre notre fcel en ceux Lettres. Données à Arras le troifième jour du mois de mai, l'an de grace 1364, par Madame en fon Confeil, préfent M. fon fils; *Ita eft,* *figné* H. DE CHAY.

Autres Extraits de la Chambre des Comptes.

42 INftitution de Jean de Frontenay, Châtelain de Pologney, à Arbois le 3 feptembre 1369.

Par M. le Gardien en préfence du Confeil.

Autre inftitution du 6 avril 1369 de Jean Mellet de Frontenay, Ecuyer, à l'Office de Gouverneur & Garde du Bailliage d'Aval.

Par M. le Gardien en préfence de M. de St.... de Ré, Meffire Eude de Quingey, Meffire Renaud de Belene & Hubriot de Plaigne.

---

43 Lettre de Sauve-garde ou Bourgeoifie du Souverain, extraites du Livre noir des archives de Morteau, par le Secrétaire du Val.

11 Janvier 1388.

PHilippe fils du Roi de France, Duc de Bourgogne, Comte de Flandres, d'Artois & de Bourgogne, Sire de Salins, Comte de Rhetel & Seigneur de Malines,

Au Baillif de notred. Comté de Bourgogne ou à son Lieutenant, Salut.

Comme les manans & habitans du Vaux & des Villes de Morteau, conforts en cette partie, demeurans au reffort de votre Bailliage en frontière de notred. Comté & du pays d'Allemagne nous ayent expofé,

Que comme par la Coûtume du Pays il leur loife eux avouer nos Bourgeois, parmi leur foumettant payer les droits qui nous appartiennent & le fervice fur ce introduit, & ils ayent la volonté de devenir nos Bourgeois & faire & payer ce qui nous appartient en tel cas.

Nous vous mandons qu'aud. cas vous les receviez en notre Bourgeoifie, & les enregiftrer ou faire enreregiftrer comme il appartient ; *& les faites jouir & ufer des libertés & franchifes dont jouiffint & ufent nos Bourgeois, & lefd. manans & habitans preniez, & mettiez fous notre protection fpéciale, fauve-garde, ainfi & comme nos femblables Bourgeois ont coûtume de faire, en défendant de part nous à tous ceux dont vous ferez requis fur certaines & groffes peines, qu'auxd. habitans, leurs familles, chofes & biens quelconques, il ne méfaffent ou faffent méfaire en aucune manière,* pourvû toutes voyes que l'on ne me tourne contre, ne au préjudice d'autruy; & fi aucun s'oppofoit au contraire, faites entre les parties appeller notre Procureur pour la confervation de nos droits & autres qui pour ce feront à appeller bon & brief accompliffement de Juftice ; car ainfi au cas fufd. l'avons accordé auxd. manans & habitans de grace fpéciale, nonobftant quelques autres Lettres fubreptives au contraire. Donné à Montbar le 11 Janvier de l'an de grace 1388. *Signé,* Par nous Thebaude. Scellé du grand fceau dudit Seigneur Duc.

44 Reconnoiſſance pour les devoirs de Bourgeoiſie, tirée des mêmes Archives,

7 Juin 1389.

NOUS Officiaux de la Cour de Beſançon, *&c.* pardevant Me. Charles Gailloſt de Pontarlier & Oudette de la Loye Notaires, *&c.* perſonnellement établis *&c* hab:tans des Villes du Vau de Morteau, *ont confeſſé & reconnu leur être mis & conſtitué à toujours en la ſauvegarde, protection & Bourgeoiſie de M. le Duc de Bourgogne,* pour lui & ſes hoirs aud. Comté de Bourgogne, parmi payant chaoun an par iceux habitans à ſon Receveur de Pontarlier 200 livres de cire léale... au poids dud. lieu, à la foire S. André Apôtre, *&c. Item* parmi leſd. 200 livres, led. *Monſeigneur Comte de Bourgogne & ſes ſucceſſeurs devront garder & maintenir leſdits habitans du Vau de Morteau & leurs hoirscomme les Bourgeois de Pontarlier & les autres de ſond. Comté encontre quelques perſonnes que ce ſoient, que force, extorſion ou innovation leur voudront ſaire.*

Proumettant leſd. habitans, *&c* renonçant à toutes exceptions de mauvais Barrat, *&c.* à l'exception de lad. Sauvegarde, protection, tuition & Bourgeoiſie. Le 7 juin 1389, *ſigné*, &c.

---

45   Arrêt du Parlement, tiré des mêmes Arch_{ives}.

12 Mai 1390.

ARREST donné au Parlement de Dole au profit deſd. habitans contre le Cardinal de Montenay Prieur de Morteau & contre la Comteſſe de Neufchâtel, *ſur ce que leſd. habitans ſe firent mettre en la*

tuition , protection & sauvegarde de M. le Duc , & led.
Cardinal & lad. Comtesse perforcerent de faire révoquer lad. garde , par vertu de laquelle lesd. habitans étoient signifiés en garde , lequel Arrêt est sain
& entier.

PHILIPPE , fils du Roi de France, *&c.* sçavoir faisons que ja piéça *les habitans du Vau de Morteau,* pour
certaines & justes causes à ce les mouvant ce qu'ils
disoient , *se firent mettre en notre sauve-garde & spé-* 46
ciale protection & garde , à laquelle par notre amé
& féal Chambellan & Conseiller , le Seigneur de Ville-
sur-Arc & de Thoire , Baillif de notredit Comté de
Bourgogne furent reçus sur icelle garde , signifiée &
publiée comme il appartient par vertu d'icelle & en co-
pie , afin qu'elle ne pût être ignorée , nos enseignes &
pannonceaux , armoyés de nos armes , & nos brandons
mis en plusieurs lieux & sur plusieurs maisons du Vau
de Morteau.

Et en après à requête des Procureurs,& au nom de 47
Procureur de Très R. P. le Cardinal de Montenay ,
Prieur du Prieuré de Morteau , & de notre amée
cousine la Comtesse & Dame de Neufchâtel , furent
iceux habitans cités à certains jours pardevant notre
Baillif ou son Lieutenant aud. lieu de Pontellier .pour
icelle garde veoire révoquer & les en mettre hors ,
auquel jour , après plusieurs allégations de part &
d'autre , furent les Parties appointées à bailler par
écrit les raisons alléguées, & assigné pour à ouir droit
par interlocutoire à certain jour aux assises suivantes ,
à laquelle journée fut requis pour la Partie desd.
Cardinal & Comtesse effet à jour pour absence de
Conseil , qu'octroyé & assigné leur fut , comme ces
choses peuvent apparoir par les actes de la Cour de
notred. Baillif.

Louquel procés ainsi pendant furent iceux habitans de rechef, par citation de notred. Baillif , ajournés d'office pardevant lui & son Lieutenant à Pontel-

lier au lundy après l'Afcenfion Notre-Seigneur mil
trois cens quatre-vingt & neuf, pour ouïr certaine
requête que leur entendoient à faire les gens & Procureur defd. Cardinal & Comteffe, & fur icelle de
fon ordinaire eftere à droit ainfi qu'il appartiendroit,
auquel jour les Parties fe préfenterent & comparu-
rent;c'eft à fçavoir pour le Cardinal Meffire Pierre de
Loye, lors gouverneur dud. procès, pour lad. Comteffe, Vive de Laon fon Procureur, & pour nom de
Procureur d'une part, & environ douze vingt perfonnes eux préfentans & leurs perfonnes, & comme
habitans & pour noms d'habitans dud. Vaux de
Morteau, & notre Procureur pour nom de Procureur ajoint avec eux d'autre part.

Et par les Gouverneurs & Procureurs dud. R. Cardinal & de lad. Comteffe & d'un chacun d'eux en
nom que deffus, fut judiciellement . . . . Bon
Guichard Licencié en Loix, Lieutenant Général de
notred. Baillif, expofe par manière de requête que
à tort & fans caufe, indûement & de nouvelle lefd.
habitans *s'étoient mis en notre garde, par vertu de laquelle avoient fait mettre aud. Vaux de Morteau en
plufieurs lieux nos pennons* au grand dommage & préjudice d'icelui Prieuré.

Difoient auffi que par nous & par notre Confeil,
avoit été délibéré & ordonné de bouche à notred.
Baillif de mettre ou faire mettre icelle garde au
néant, & lefd. pannonceaux ôtés au cas que lad.
Comteffe ou fon Procureur viendroit bailler bon
affurement defd. habitans, louquel oufroit bailler,
fond. Procureur au nom d'elle, requeroit led. Lieutenant que ainfi le voulu faire & accomplir ladite
Ordonnance.

48 Laquelle Ordonnance & requête ainfi faite par
lefd. habitans & notre Procureur adjoint, furent alléguées plufieurs raifons tendantes qu'à l'ademption &
annullation de lad. garde, ne auffi des pannons, ne

devot procéder iceluy Lieutenant , mais querroit
licence de Cour & dépens à l'encontre la Partie ad-
verse pour la citation & refcription que cette Partie
exhiboit , laquelle étoit vicieufe en plufieurs refcrip-
tions & rafures faites en lieu fufpect. . . . . . & autre
part pour ce qu'ils n'étoient ajoûtans contre partie
feurg d'office tant feulement , ni n'étoient ajournés
en leur perfonne ne à leur domicile , & n'étoit point
cité notre Procureur auquel le fait touchoit , tant que
par la relation du Sergent apparoiffoit qu'ils étoient
ajournés le jour même qui n'étoit pas journée fuffi-
fante. *Item* , que la procuration du Cardinal & de la
Comteffe n'étoient fuffifantes pour plufieurs caufes
par eux alléguées , & fpécialement celle de lad. Comteffe , pour ce que fon Procureur n'avoit puiffance
de donner affurement pertinent en tel cas , que il étoit
Clerc tonfuré , auquel le donner n'appartient. *Item* , &
que entre icelles Parties étoit mû & pendant procès
ordinaire audit Pontellier fur la révocation de lad.
garde , louquel pendant aucune chofe de nouvelle ne fe devoit faire au préjudice d'iceluy ; néan-
moins que de nouvelle lefd. habitans avoient obtenu
de nous un mandement , duquel ils fe faifoient prompte
foy , contenant qu'ils fuffent tous *gardés & maintenus*
en notre garde & Bourgeoifie felon la coûtume & ufage
du pays , fur lefquelles chofes requerroient à eux
être dit droit , à quoy ne les voulut recevoir led.
Lieutenant , ains ces chofes nonobftant , difoit que
le Procureur de lad. Comteffe avoit donné bon &
loyal affurement defd. habitans & à chacun d'eux ,
& leur avoit promis que par elle , fes gens , Officiers
& complices dorefnavant ne leur feroit fait méfait
ne en corps ne en biens , révoquant lad. garde , icelle **49**
mit à néant , & par la Sentence ordonna les pannonceaux être ôtés.

De laquelle Sentence iceux habitans & notre Pro- **50**
cureur adjoint , appellerent incontinent à notred. Par-

lement de Dole, ont impétré & exécuté à ce notre
Parlement que commença le premier jour de may
1390, se sont comparu & présentées lesd. Parties,
& à sçavoir pour lesdits habitans, Outhenin Musi
leur Procureur fondé de procuration, & notre Procureur adjoint appellant pour ledit Cardinal Etevenin de Falletans & pour icelle Comtesse, Outhenin Huchet de Nayzey leur Procureur, fondé de
procuration.

51 Pour la partie desdits Appellans, ont été judicia-
lement en notred. Parlement proposées les choses
susd. & tendu afin d'être dit, lad. Sentence donnée
par led. Lieutenant nulle & injuste, si aucune étoit,
& contre raison, donnée d'icelle avoir bien été appellé
par lesdits de Morteau & notred. Procureur adjoint,
& mal avoir été sentencié par led. Lieutenant *lesd.*
de Morteau devoir demeurer en notre garde, & nos
pannonceaux, brandon & enseigne, mis en signe d'i-
celle, d'avoir ôté lesd. Cardinal & Comtesse devoir
être condamnés à leurs dépens faits & à faire pour
ce, disions le devoir ainsi être dit. Vu le procès &
demené desd. Parties, & mêmement *que suivant la*
disposition du Droit commun, usage & coûtume, no-
toire & générale du Comté de Bourgogne, tous manans
& habitans & gens de quelque condition qu'ils soient
se peuvent mettre en notre sauve-garde, & par nous ou
nos Officiers ils peuvent & doivent être reçus, main-
tenus & gardés, que d'iceluy droit de souveraineté &
garde par nous & nos prédécesseurs en sommes en pos-
session dès si longtemps qu'il n'est mémoire du contraire, & ainsi en avons par nous & par nos prédécesseurs, Comtes de Bourgogne, joüis & usés au vu
& sçu de tous, que veoir & sçavoir ont voulu, &
pour plusieurs autres causes ou raisons par eux proposées & mises par écrit devers la Cour, & ainsi
requerroient être dit.

52 Pour la partie desd. Cardinal & Comtesse a été

tendu afin d'être dit que le Procureur defd. habitans
ne fût à recevoir comme Appellant ; & s'il veu étoit
que méfilfent en défaut lefd. habitans , en la perfonne
de leur Procureur, contre lefd. Cardinal & Comtelfe
& leurs Procureurs , & iceux condamnés en leurs dépens ; & ce à fes fins n'étoit dit qu'il fût dit que lefd.
habitans avoient mal & fans raifon appellé contre droit
raifon , & led. Lieutenant bien & juftement prononc-
cé , difoient les appellés le devoir ainfi être prononcé par l'Arrêt de notredi. Cour, pour ce qu'ils
font hommes mainmortables , qui conftituer ne peuvent
Procureur fans licence de leur Seigneur , & qu'attendu
& confideré les us , proux & ufages anciennement tenus
& gardés en notred. Comté de Bourgogne, gens de telle
condition , comme font les habitans , hommes jufticiables
& mainmortables dud. Prioré ne fe peuvent mettre en
Garde , Commandife ou Bourgeoifie d'autrui fans licence
de leur Seigneur , duquel n'ont obtenu aucune licen-
ce, pourquoy mettre ne fe peuvent, & ainfi en ont
bien été ôtés par led. Lieutenant, nonobftant les
chofes deffus dites par lefd. habitans , & notred.
Procureur ajoint Appellant, propofées , & pour autres raifons qu'ils propofoient, mifes par écrit devers
la Cour à leurs fins delfus conclues, requerroient
être dit.

Lefquelles Parties ont nié les faits l'un à l'autre ,
en tant qu'ils n'y font recevables, contraires & pré-
judiciables.

Lefquels de Morteau , *quant à la procuration , ont* 53
défendu qu'au défaut de leur Seigneur fuffifamment re-
quis l'avoient louée par la licence du Lieutenant de
notred. Baillif, dont ils faifoient prompte foy.

Et fur l'appellation les Parties fe font appointées 54
à ouïr, eux foumettans à la difcrétionde la Cour les
raifon de droit par eux propofées & autres que fup-
pléra lad. Cour.

Lefquelles Parties ouies en ce que chacun a voulu 55

diré, faifant à fon fait, propos & intention, confideré tout ce qui en ce fait falloit confiderer, a été
dit, rapporté, prononcé & fentencié, & par ces préfentes difons, rapportons, prononceons & fenten-
cions par l'Arrêt de notred. Cour, & à droit lefd.
Habitans & notre Procureur adjoint bien avoir appellé, la Sentence dud. Lieutenant de notred Ballif
être nulle & non devoir fortir aucun effet; & demeu-
reront lefd. Parties en l'état qu'elles étoient avant
lad. Sentence, par l'autorité de laquelle relevoit la
Partie appellée de l'amende de la Cour & des dépens de la Partie appellée; retenoit en notred. Parlement la caufe que d'icelle garde étoit pardevant
notredit Baillif, à fon fiége de Pontellier, & aux Parties en la perfonne de leur Procureur; avons affigné
& par ces préfentes affignons jour à notre prochain
Parlement de Dole, pour en iceluy procéder aux
faits de leurs débats, & en outre comme il appar-
tiendra; & pour y procéder plus mûrement. mandons par ces préfentes à notred. Baillif ou à fon Lieutenant que tous actes & enfeignement qu'ils auront
touchant le fait & plaidoirie, baillent à notre amé
Confeiller & Greffier de notred. Parlement Perrenot
de Plaigne, auquel nous mandons les recevoir &
garder pour apportées, être portées en notred. Parlement, afin d'en ordonner que metier en aura.

Et en témoignage de ce avons baillé nos préfentes
auxd. de Morteau & notred. Procureur adjoint: Faites & données en notred. Parlement le 12 may de
l'an de grace 1390.

Ainfi figné par l'Arrêt & Ordonnance de lad. Cour
de Parlement. *Signé* P. DE PLAIGNE, & fur le
Livre noir eft écrit copie collationnée. *Signé*, MUSY.

Extrait de l'Histoire de l'Eglise, de M. Dunod, 57
tom. 2. pag. 165.

Arrêt au Parlement tenu à Dole le 6 juin 1392,
qui confirme la Bourgeoisie des Habitans de Morteau par défaut contre le Seigneur & Gardien.

Extrait d'un Inventaire de la Chambre des Comptes.

16 Février 1376.

Acte portant que Marguerite de Flandres a fait 58
publier que nulle pérsonne du Comté, sur actions
réélles ou forfaits, ne plaide autre part que pardevant ses Juges, sur quoi l'Archevêque Guillaume
s'en étant plaint, lad. Dame ordonna que tous Mandemens de part & d'autre demeureroient nuls, sans
préjudice des Parties..

1378.

Dépense faite à un Conseil tenu à Arbois sur ce
que l'Archevêque de Besançon avoit prohibé de recevoir les testamens sous le scel du Comté.

1379,

Autre dépense à Pesmes, pour consulter une excommunication dudit Archevêque pour le même
fait. Appel à Rome. Surcis jusqu'à la Pentecôte 1380,
pour cependant s'informer des droits.

6 Mai 1397.

Lettres de Philippe Roi de France, mandant à tous
Notaires, nonobstant Ordonnances de l'Archevêque,

de recevoir tous les contrats fons le fcel du Comté.

1399.

Idem, pour tous fcels de Teftamens, & qu'en cas de prévention la connoiffance en appartient à fes Juges.

22 Février 1400.

Accord entre le Duc Philippe & Gerard Archevêque de Befançon, fuivant lequel tous demeurans au Comté peuvent foumettre leurs teftamens & publication d'iceux au fcel & Juftice du Comté ou de l'Archevêque; s'il y a recepts, fous les deux fcels, les héritiers choifiront.

SOMMAIRES.

CHAPITRE III.

Renaissance des Bourgeoisies. *Troisième époque.*

** *

CHAPITRE IV.

Gouvernement municipal rétabli. Communes ou Priviléges des Bourgeoisies. Affranchissemens.

CHAPITRE V.

Établiſſement des Bailliages. Bourgeoiſies du Roi.

CHAPITRE VI.

De l'établissement des Bailliages & des Bourgeoisies
du Souverain en Franche-Comté.

CHAPITRE VII.

De la Bourgeoisie des Villes de Franche-Comté.

CHAPITRE VIII.

Notice des Officiers qui ont administré la justice dans le Comté de Bourgogne au Bailliage d'Aval & au Siége de Pontarlier.

CHAPITRE IX.

Piéces curieuses servant de preuves aux Chapitres précédens, & d'éclaircissement sur l'ancienne administration de la Justice au Comté de Bourgogne.

Fin des Sommaires.

Pages.	Lignes.	Fautes au texte.	Corrections.
2	6	& ne leur don-noient :	Lisez , car ils n'avoient.
4	17, 18 & 22	Décemvirs :	Duumvirs.
7	20	avoit resté :	étoit resté.
17	27	n'a point encore :	n'a encore.
27	7	avoient des :	avoient été.
33	25	Pape ,	saint Siége.
43	26	Bonguichard :	Bon-Guichard.
45	31	…rmité :	formité.
46	31	s'avouer à Bour-geois :	à s'avouer Bour-geois.
48	1	à se révendiquer :	à les révendi-quer.
53	19		ajoûtez en mar-ge 1.
54	11		ajoûtez en mar-ge 2.
54	26		ajoûtez en mar-ge 3.
55	14		ajoûtez en mar-ge 4.
55	26		ajoûtez en mar-ge 5.
56	2		ajoûtez en mar-ge 6.
59	9	Par Albert :	par l'Archiduc Albert.
62	3	ajourné ,	aux journées tenues.
66	18	XIV siécle :	Effacez.
68	29	Valleroy ,	Vallefrey.

Pages.	Lignes.	Fautes au texte.	Corrections.
70	11	de Celrier :	Declarier.
75	11	Meffou :	Meffon.
78	4	Lefcors :	le Cors.
89	2	*icere :*	*Dicere.*
88	17	*eres ,*	*tres.*
90	32	*fit ,*	*fit.*

AUX NOTES.

Pages.	Col.	lignes.	Fautes.	Corrections.
4	2	4	Décemvirs:	Duumvirs.
17	2	3	*agnafcebant:*	*agnofcebant.*
36			Pfalburger :	Pfälburger.
40	2	2	affreuoit :	affrenoit.

ADDITIONS.

Pag. 67 , Lieutenans locaux à Pontarlier ,
   1563 , Pierre Maleffu.
   Humbert Sauget.
Pag. 68 ,
   1638 , Jean Clement , commis Lieutenant Général
      à Pontarlier.
Page 60 , CHAP. VIII.

NOTA. Lorfque les Ducs de Bourgogne eurent
ordonné en 1427 aux Baillifs d'Aval de réfider à Poligny , & en 1444 d'y donner audience tous les huit
jours , les Villes de Salins , Arbois & Pontarlier furent touchées de cette préférence. En 1453 le Duc
renouvellant l'injonction au Baillif d'Aval & à fon
Lieutenant de faire réfidence à Poligny , leur donna
pouvoir d'y décider non feulement toutes les caufes
qui y étoient déja pendantes , mais encore celles que
fon Confeil ou fon Parlement y renverroit , de
même que celles qui feroient intentées pardevant

eux enfuite de leurs mandemens, même celles du Domaine, à la requête du Procureur Général du Baillíage. Cependant en 1454, par égard aux remontrances des Villes de Salins , Arbois & Pontarlier, il fut réglé que les Baillifs & leurs Lieutenans feroient leur réfidence dans une des Villes du Baillíage d'Aval , & qu'ils ne refteroient à Poligny que par provifion ; c'eft pour faire ceffer les réclamations de ceux qui étoient tranfportés loin de leur domicile par leurs procès , qu'on a mis à la fuite un Lieutenant général dans chaque Ville principale.

Extrait des titres de Poligny communiqué par M. Chevalier.